U0934057

主 办 / 中山大学港澳珠江三角洲研究中心
中山大学粤港澳发展研究院
资 助 / 教育部人文社会科学重点研究基地
广东省“理论粤军”项目

當代港澳研究

STUDIES ON HONG KONG AND MACAO

陈广汉　黎熙元／主编

2019年第1辑

（总第62辑）

目　录
CONTENTS

港澳政治

英国政府关于中英香港问题谈判决策过程初探（1982～1984年）*

——基于英国解密外交档案的解读

郭永虎　闫立光**

摘　要：英国政府解密档案文件显示，1982～1984年中英关于香港问题谈判过程中，在香港主权归属问题上，英国政府制定了“主权换治权”的谈判策略，即以中国在香港行使名义上的主权换取英国的实际管理权和控制权。在香港驻军问题上，英国极力反对中国人民解放军进驻香港，甚至提出了以香港内部安全部队取代中国人民解放军驻港的方案。在设立中英联合联络小组问题上，英国亦是极力阻止，一度使中英双方谈判面临破裂的边缘。从英国制定政策的实际效果和谈判结果来看，英国在上述核心问题上都未实现其既定

* 本文为2017年度长春市哲学社会科学研究课题“‘一国两制’在香港的成功实践研究”（批准号：CSK2017ZYJ－015）；“2018年吉林大学—新疆医科大学‘一带一路民心相通’国际智库项目”（批准号：JXZ005）的阶段性成果。

** 郭永虎，吉林大学马克思主义学院教授，博士生导师；闫立光，吉林大学马克思主义学院博士研究生。

目标，这从侧面反映出中国政府恢复对香港行使主权的坚定意志和智慧。从谈判的历史遗留影响来看，英国并不愿意就此彻底放弃香港，而是要在之后的不同时期尽可能地采取其他多种方式和手段，保持自身在香港的最大利益和延续对香港事务的影响。

关键词： 香港问题　中国　英国　外交谈判

1982 ~ 1984 年是中英香港问题谈判最为关键的阶段。在这一时期，中英就香港问题经历了双方秘密磋商到正式谈判，再到发表《中英关于香港问题的联合声明》三个阶段，两国为谈判做了大量外交工作。长期以来，学界一直在对香港回归谈判问题进行研究。从国内的研究状况来看，主要集中于探究邓小平在中英香港问题谈判上的作用和中方在谈判过程中的策略两个方面。前者代表性研究如齐鹏飞《中英关于香港问题的"秘密磋商"》和刘贵军《邓小平与中英香港问题谈判中的几场较量》，齐鹏飞全面而系统地述评了邓小平在中英香港问题谈判整个过程中的历史功绩；[①] 刘贵军则通过列举邓小平在主权问题不容谈判、中国有权在香港驻军等若干问题上的深谋远虑，指出其作为中方领导人对解决香港回归问题所起的关键作用。[②] 后者代表性作品如《周南口述：遥想当年羽扇纶巾》和《鲁平口述香港回归》。作为当年谈判的中方参与者，周南、鲁平具体描述了中方在不同的谈判阶段和不同问题上应对英国

① 齐鹏飞：《中英关于香港问题的"秘密磋商"》，《中共党史资料》2006 年第 4 期。

② 刘贵军：《邓小平与中英香港问题谈判中的几场较量》，《湘潮（上半月）》2014 年第 7 期。

政府外交政策的策略演变过程和一些细节；此外，高望来借助研究亲历者口述史料等比较完整地呈现了中英香港问题谈判的全过程，并深入分析了中方的谈判策略和两国的战略互动过程。[①] 然而，国内的研究鲜少涉及英国政府对香港问题谈判策略的形成过程及其改变原因。至于国外学界对中英香港问题谈判的研究，英国学者的研究成果较为丰富，内容主要侧重于对中英香港问题谈判过程及结果的探讨。例如，罗伯特·科特里尔（Robert Cottrell）在其论著《香港的终结：英国撤退的秘密谈判》一书中深度挖掘了中英香港问题谈判过程的内幕，并认为《中英关于香港问题的联合声明》是英国实用主义外交政策的胜利；[②] 前英国驻华大使珀西·柯利达（Percy Cradock）在《在华经历》一书中细致描述了其作为英方代表团团长参与中英谈判的大部分过程及说服英国政府在最后阶段就一些问题做出让步的情况。[③] 还有学者分析了撒切尔夫人个人的思想变化对英方谈判策略的影响。[④] 然而，大部分英国学者并没有系统、深入地论述和分析英国政府的具体决策过程。鉴于此，本文拟在学界之前研究的基础上，挖掘和爬梳近年来英国国家档案馆公开解密的1982～1984年的大量涉港档案文献，包括撒切尔夫人、外交大臣和谈判团团长之间大量的来往电报，以及内阁部的讨论材料、外交部的相关文件等，以此为核心史料作深入解读，从英国政府的视角探讨其在香港回归谈判中对三个最重要问题（香港主权

① 高望来：《大国谈判谋略：中英香港谈判内幕》，时事出版社，2012，第22页。

② Robert Cottrell, *The End of Hong Kong: The Secret Diplomacy of Imperial Retreat*, London: John Murray Publishers Ltd, 1993, 6.

③ Percy Cradock, *Experiences of China*, London: John Murray, 1994, 189－214.

④ Robin McLaren, *Britain's Record In Hong Kong*, London Royal Institute of International Affairs, 1997, 17.

归属问题、香港驻军问题和设立中英联合联络小组问题）的决策过程及策略演变。这不仅有助于拓宽香港问题的研究视角，充实学界关于香港回归问题的研究，而且有助于了解英国政府在香港问题上欲达到何种目的，为认识香港回归以来英国政府何以要延续对香港事务的影响提供了一个思考维度。

一　英国以“主权”换“治权”谈判策略的形成及破产

1979 年 3 月，《展拓香港界址专条》将在少于 20 年内届满，新界土地租约可否跨越 1997 年，这涉及香港的主权归属问题。1979 年，香港总督麦理浩首度访问北京引发香港前途问题。1982 年 4 月，英国前首相希思访华向邓小平再次提出香港前途问题，以此试探中国在香港主权归属问题上的态度。邓小平明确表示：“中国要对香港恢复行使主权，英国应停止对香港的统治；取而代之的是，香港将成立由港人治理自己的政府，香港的社会及经济制度保持不变，以及香港仍是自由港和金融中心。”①

英国关于中国政府对香港恢复行使主权的坚定立场十分不安，开始将解决香港问题纳入重要的外交决策日程。在香港主权归属问题上，英国政府提出了“主权（Sovereignty）换治权（Administration）”的策略，以中国在香港行使名义上的主权换取英国的实际管理权和控制权。英国首相撒切尔夫人表示，“我们的谈判目标是以香港岛的主

① Robert Cottrell, *The End of Hong Kong: The Secret Diplomacy of Imperial Retreat*, London: John Murray Publishers Ltd, 1993, 89.

权，交换英国未来对其的治权。如果两国政府能就香港的未来治权达成一致协议，且能为香港人民所接受，也能使英国议会同意，那么我们便能进一步就主权问题进行谈判"[①]。何谓"管理权"（治权）？从英方的解密文件来看，英国提出对香港进行管理的实质是对香港进行全面控制。按照英国政府的设计，管理权的范畴主要包括：①任命香港行政长官的权力。在香港，由行政长官和地方顾问行使主要的行政权力。在出现分歧和紧急情况的时候，英国政府将恢复掌控全局的权力。②立法控制权。香港的立法权由立法委员会负责，委员会负责人由行政长官任命。而有关香港涉外事务、防务紧急状态、制定法律和法令的权力由英国政府和议会负责。③对外关系管理权。英国政府继续对香港的外部事务管理拥有最高权威，掌握管理香港国际贸易及其协定的权力。④内部安全控制权。由英国政府负责香港防务决策权，如果有必要也负责香港内部安全，包括驻扎军队的权力。⑤金融管理权。英国政府对香港的货币金融和贸易拥有最终决定权。[②]从上述管理权限来看，英国对香港核心事务的管理权限几乎与主权别无二致，暴露了其对香港继续统治的图谋。

从英国解密的外交文件来看，英国政府的这一政策源于1982年5月9日英国外相卡灵顿勋爵（Lord Carrington）向撒切尔夫人提出的建议，"我们要竭力使中国同意香港继续由英国管理一段时间，目的是保持信心。中国自然不会轻易同意，我们必须付出代价。如果我们能够与中国达成协议，即1997年后英国承认中国对九龙和香港岛拥有主权，而保留英国的管理权，那将是我们外交政

① 英国国家档案（*The National Archives*，以下缩写为*TNA*），Hong Kong：UKE Beijing record of conversation Apr 6，1982，PREM19/789 f145。

② *TNA*，Hong Kong：No. 10 briefing to MT，Sep 13，1982，PREM19/792 f56.

策的一次重大胜利”[①]。1982 年 7 月 28 日，撒切尔夫人采纳了卡灵顿的建议并定下了中英谈判基调：“如果英国表现出放弃香港主权的姿态，我们将丧失香港的未来。国际条约是英国立场赖以存在的保证。我们希望将主权问题搁置一边而聚焦香港管理权问题，但是中国人不会接受该方案，这是意料之中的。无论如何，英国不能从一开始就放弃主权。”[②]

为了准备即将与中国进行的香港问题谈判，1982 年 7 月 28 日，撒切尔夫人责成英国外交部提交一份特别研究报告，英国各相关部门都参与了研究和撰写，香港总督和英国驻华大使全程参与。[③] 最终，英国外交部提出了针对香港主权地位谈判的相关对策建议，这就是《香港未来的特别研究报告》（*The Future of Hong Kong A Special Study*）。这份报告提出了英国在香港的既定目标：在中国允许的前提下，继续保持英国对香港的管理，这对英国来说是最好的谈判结果。当然这并不现实，因为中国提出的先决条件是英国承认中国对香港拥有主权。因此，英国的政策目标是与中国达成协议，继续对香港进行管理和控制，如果该目标能够实现，才考虑在主权问题上让步。这将在很大程度上取决于中国对对香港恢复行使主权含义的理解。如果中国同意英国继续对香港管理一段时间后将香港主权让渡给中国，这将是英国最为满意的结果。[④]

以上述报告为蓝本，英国政府制定了对华谈判一揽子计划：英国可以放弃对整个香港的主权，这是英国可以接受的底线。但是，

---

① *TNA*，Hong Kong：Carrington minute to MT，Mar 9，1982，PREM19/789 f149.

② *TNA*，Hong Kong：No. 10 record of conversation，Jul 28，1982，PREM19/789 f 91.

③ *TNA*，Hong Kong：Pym minute to MT，Sep 3，1982，PREM19/789 f30.

④ *TNA*，Hong Kong：No. 10 briefing to MT，Sep 12，1982，PREM19/792 f119.

前提条件是英国拥有排他性的负责香港内部管理和外部关系的权力。英国管理香港的期限也不能确定，至少是15年，甚至是35年。如果中国同意英国继续对香港进行管理和控制（内政外交），以换取其对香港名义上的主权，英国可以做出如下让步：①承认中国在香港地区的官方代表机构，如新华社、中国签证机构等；这类机构的官方代表地位要在英国的管理和控制之下；这类机构的负责人员可以与香港总督就有关事宜进行磋商，但无权干预香港内部和外部事务。②香港总督名称的变化。香港总督的名称可以变化，例如，名称可以叫高级专员，但是其拥有的权力不能有丝毫减少。③可以考虑废除国民党在香港的旗帜。④经济上的"回馈"。这要视中英谈判进展情况而定，如果中国满足英国的要求，可以考虑：让中国分享香港的税收；允许中国使用香港码头仓库设施；给予中国一部分投资储备金；以经济援助的形式给予中国软贷款项目；给予中国银行一部分存取款业务；分享航空业务；将港府资金用于对华风险投资；等等。[①]

在撒切尔夫人访华之前，为了摸清中国政府在香港主权归属问题上的立场，1982年7月29日，新任港督尤德和前任港督麦理浩约见中国驻英大使柯华，二者向其询问中国政府在香港主权归属问题上的立场。柯华明确了中国在香港主权归属问题上的立场，主要申明了两个基本原则：第一个原则是中国主权原则，中国政府在成立之日起，不承认任何不平等条约；第二个原则是香港作为自由港、商业和金融中心，保持香港的繁荣稳定，这对中英都有利。对此，麦理浩辩称，主权回归存在很大困难，因为废除任何条约都需要得到议会的批准，只有中国政府接受由英国继续对香港进行管

① *TNA*, Hong Kong: No. 10 briefing to MT, Sep 13, 1982, PREM19/792 f45.

理，该问题才可以被考虑。①

1982年9月下旬，撒切尔夫人准备访华并就香港主权归属问题与中国政府进行谈判。访华前夕，英国针对香港问题的谈判做了准备工作。英国外交部草拟了具体谈判预案：①如果中国的立场主张得到了香港人民的支持，那么英国应与香港立法会非官方成员进行会谈，向其申明保持英国对香港管理的必要性。②如果中国将要求对香港恢复行使主权作为先决条件，那么英国应理解并尊重中国的立场，向其解释英国的立场以及英国面临的困难，强调香港稳定和不破坏香港信心的重要性，英国需要的是不带先决条件的谈判。③如果中国立场强硬，坚持将香港作为中国的一个特别行政区高度自治，可以就以下两个议题开展谈判，一是香港如何才能实现令人满意的管理；二是中国以何种方式行使对香港的主权，但这不是一个先决条件。④如果中国立场不变，双方存在分歧很正常，英国最关注的目标是不要破坏信心，既不要公开分歧或暗示双方已中断接触，也不能宣布双方进行实质性对话，召集外交大臣等人员研究下一步的方案。② 英国也做了"最坏"的打算，如果中国提出，主权问题是不可以谈判的，英国将会做出如下应对：必须进行不带任何先决条件的对话，向中国表明：除非中国在主权问题方面做出让步，否则拒绝讨论行政管理权的具体细节问题。③

然而，英国处心积虑制定的谈判策略并未实现。原因在于中国政府在香港主权归属问题上的立场非常坚定，即中英香港问题的谈判前提是中国政府对香港（香港岛、九龙和新界）恢复行使主权，

---

① *TNA*, Hong Kong: FCO record of conversation, Jul 29, 1982, PREM19/789 f84.

② *TNA*, Hong Kong: No. 10 briefing to MT, Sep 13, 1982, PREM19/792 f96.

③ *TNA*, Hong Kong: No. 10 briefing to MT, Sep 17, 1982, PREM19/792 f110.

而且主权问题是不能谈判的。1982年9月22日，撒切尔夫人访华。24日，撒切尔夫人与邓小平就香港主权问题进行了会谈。撒切尔夫人按照事先设计好的方案，摆出强硬姿态，称“如果不就英国对香港管理权的问题做出具体安排，她不会建议英国政府谈论主权问题。如果中国现在提出或宣布英国对香港的管理和控制权发生变化，将对香港信心产生灾难性的影响”。邓小平询问“控制”的含义是什么，撒切尔夫人指出，香港的繁荣得益于英国140年的管理体制，这个管理体制包括不同于中国的政治、法律和金融体系。邓小平问，控制是不是由一个国家进行统治？撒切尔夫人回答，“主权和管理权是有区别的，世界上存在一个地区由某国进行管理，而主权属于另一个国家的先例，比如新界地区，就是英国租借的。我们坚信，除非目前香港继续由英国管理下去，否则将对香港的自信产生极大损坏影响。如果英国对香港的管理和控制发生变化，将对香港的信心造成灾难性的后果”。[①] 对此，邓小平表示，“关于主权问题，中国在这个问题上没有回旋余地。坦率地讲，主权问题不是一个可以讨论的问题”[②]，只有在这个前提下中国与英国才能就香港未来繁荣进行对话。面对中方坚持“主权问题不可以谈判”的坚定立场，英国事先制定好的各项谈判预案已无法实现，最终只能接受在中国政府对香港享有完全主权的前提下讨论香港回归问题。

二　英国阻止中国在香港驻军的尝试

中国人民解放军在香港驻军是中国1997年对香港恢复行使主

① *TNA*, China: No. 10 record of conversation, Sep 24, 1982, PREM19/962 f69.

② 邓小平：《邓小平文选》第三卷，人民出版社，2009，第12页。

权的应有之义，是中国对香港享有主权、维护香港繁荣和稳定的重要保障。但是英国政府极力反对中国在 1997 年之后在香港驻军，使中国在港驻军问题成为中英外交谈判后期遇到的最复杂、最敏感的问题之一。

据英国解密文件，英国当时在香港的驻军人数总计将近 1 万人（其中，24% 是英国人、60% 是廓尔喀人、16% 是居住在香港的中国人）。[①] 1982 年 9 月 12 日，英国外交部在向首相提交的《香港未来的特别研究报告》中分析了英国在港驻军的去留问题。报告认为，若中方同意对香港恢复行使主权后让英国继续行使管理权，英国继续在香港驻军对于维护香港的信心是很有必要的。但是如果香港成为中国的一个特别行政区，那么英国继续在香港驻军就会非常困难，甚至中英可能无法就此问题开展谈判。[②] 为了给中国在香港驻军设置谈判障碍，1983 年 12 月 9 日，英国驻北京大使柯利达致电英国外交部，称如果向中国表明，英国正在考虑将于 1997 年之前撤出驻港部队，这将会使英国在与中国交涉香港驻军问题的过程中处于有利态势。因为英国撤出香港驻军可以反驳中方所持的以下论点，"既然英国军队现在仍驻守在香港，为什么中国军队在 1997 年之后就不能驻守在那里"[③]。

由于撤出英国香港驻军问题需要听取英国国防部门的意见，1983 年 12 月 15 日，英国外交大臣杰弗里·豪将柯利达的建议提交英国国防部。杰弗里·豪致电英国国防大臣迈克尔·赫塞尔廷，"迫切需要解决这个问题，外交部与国防部应联合准备一个文件，

---

① *TNA*, No. 10 briefing to MT（"Annex J. Defence and internal security"）, Sep 12, 1982, EM19/792 f221.

② *TNA*, Hong Kong: No. 10 briefing to MT, Sep 12, 1982, PREM19/792 f221.

③ *TNA*, Hong Kong: UKE Beijing telegram to FCO, Dec 9, 1983, PREM19/1059 f186.

以便对下一阶段的谈判有所裨益”①。1983年12月19日，迈克尔·赫塞尔廷在回复杰弗里·豪时持谨慎态度：“我当然同意我们必须坚决反对中国1997年之后在香港驻军；但是，我认为我们需要谨慎对待此事，不要流露出英国将在1997年之前撤走驻军的任何迹象，因为在此之前我们仍然需要对香港的防御与安全负责，目前英国不应提出撤军事宜。”②

英国外交部接受了国防部的建议，在中英双方接触过程中，不再提及英国撤军问题，而把矛头对准中国在香港驻军的问题。英国驻华大使柯利达建议，英国应尽早地阻止中国人民解放军进驻香港，同时要向中国传达一个信息，中国1997年之后在香港驻军的决定将会严重破坏该地区的自治，并建议中国政府要非常谨慎地采取行动，并且在这一方面要有所克制。1983年12月20日，柯利达同中国国务院港澳办主任姬鹏飞共进晚餐时指出，英国非常关心中国政府在香港驻军的想法。英国认为，如果在香港那样做的话将会产生一个非常不好的影响。人们将认为香港问题的解决并不是通过和平而友好的谈判方式，而是军事决策的结果。中国向香港派驻军队将会严重地破坏政府解决问题的公信力。对此，姬鹏飞指出，如果双方能够达成一个非常完美的协议，然后中国再在香港驻军，中国认为并不会产生如此严重的影响。中方不会公开地宣传驻军，人们不会认为中国人民解放军的到来赶走了英国人。这不是一个原则性问题，只是方法性问题。中国人民解放军不会干涉香港内部事务，解放军驻军香港仅仅是出于防御需要。③

---

① *TNA*，Hong Kong：Howe minute to Heseltine，Dec 15，1983，PREM19/1059 f140.

② *TNA*，Hong Kong：Heseltine minute to Howe，Dec 19，1983，PREM19/1059 f128.

③ *TNA*，Hong Kong：UKE Beijing telegram to FCO，Dec 20，1983，PREM19/1059 f121.

1984年1月30日，杰弗里·豪向英国首相撒切尔夫人就驻军问题进行汇报。他认为，劝阻中方不在香港驻军并非一件容易的事情，但是即便如此，英国也要坚决反对在香港永久性地驻守中国人民解放军的部队。要向中国表明，在香港特区永久性驻军必定会对香港信心造成严重的破坏，也会使香港民众对中国政府的目的产生严重的怀疑。因此，杰弗里·豪提出如下建议：①英国应说服中方相信在香港驻军（包括军舰）将会破坏香港信心，进而损害各方的利益。②英国要说服中方相信香港受到来自外部威胁的可能性不大，因而永久性的驻军是没有必要的，即使出现了那种情况，中国人民解放军也能够迅速地进入香港。[①]

在阻止中国人民解放军驻军香港的同时，英国还设计了以“内部安全部队”的形式取代中国人民解放军驻港的方案。杰弗里·豪建议，英国的目标是劝说中国在香港特区保留其一定规模的内部安全部队，这足以应付处理各种情况，包括应对短时间的外部攻击，从而不给中方干预其内部事务留下借口。中国政府很可能不会同意英国以任何形式驻军香港，英国只有如下方案可供选择：（1）强化现有的警察部队，使其成为一个永久性的准军事力量。（2）基于现有的香港军事服务团（The Hong Kong Military Service Corps），建立一个香港本土安全部门，可以把香港军团和皇家香港辅助空军合并进来。如果中国方面坚持在香港永久性地驻军，英国应提议建立一个内部安全部队取代中国人民解放军驻港。中国人民解放军可以在香港保留一个联络办公室，如果需要可乘军舰定期来访。在最后，如果中英关于建立内部安全部队仍不能达成一致意见，我们可能不

---

① *TNA*, Hong Kong: Howe minute to MT, Jun 30, 1984, PREM19/1262 f21.

得不接受：中国可以限定性地驻军，并远离城市中心区域。[①]

杰弗里·豪的建议并未奏效。1984年4月，邓小平对来访的杰弗里·豪十分明确地表示："1997年后，我们派一支小部队去香港。这不仅象征中国恢复对香港行使主权，对香港来说，更大的好处是一个稳定的因素。"[②] 同月，邓小平在审阅外交部《关于同英国外交大臣就香港问题会谈方案的请示》时，在关于驻军问题一条旁批道："在港驻军一条必须坚持，不能让步。"[③]

正当英国酝酿下一步的行动方案之时，一件突发新闻舆论事件使英国的计划搁浅。1984年5月25日，香港《明报》刊文称："北京一位负责人对记者表示，1997年以后中国不会在香港驻军。"[④] 当天，邓小平在会见参加"两会"的港澳地区的全国人大代表和全国政协委员时，面对采访"两会"的香港记者澄清了事实："关于'将来不在香港驻军'的讲话，不是中央的意见。既然香港是中国的领土，为什么不能驻军！英国外相也说，希望不要驻军，但承认我们恢复行使主权后有权驻军。没有驻军这个权力，还叫什么中国领土！"[⑤]

邓小平的公开表态无疑是对英国阻止中国人民解放军驻港计划的一次重挫。英国对此反应强烈，1984年6月21日，杰弗里·豪致电撒切尔夫人，称邓小平的声明在香港产生了破坏性的影响。英国驻华大使理查德·伊文思通过中方谈判团团长周南对中国立场表示抗议。杰弗里·豪表示，英国并不质疑中国政府有在香港驻军的权

---

① *TNA*, Hong Kong: Howe minute to MT, Jun 30, 1984, PREM19/1262 f21.

② 冷溶、汪作玲：《邓小平年谱（1975～1997）》（下），中央文献出版社，2004，第970页。

③ 冷溶、汪作玲：《邓小平年谱（1975～1997）》（下），中央文献出版社，2004，第972页。

④ 齐鹏飞：《中英香港回归祖国谈判中的驻军问题》，《党史博览》2007年第3期。

⑤ 冷溶、汪作玲：《邓小平年谱（1975～1997）》（下），中央文献出版社，2004，第978页。

力，但是为了香港的信心，他反对在正常情况下向香港驻军。理查德·伊文思在第15轮谈判中再次提到了这个问题，重申了英国的立场。周南说："你不要再讲了，我们讲了已经多次，这是恢复行使主权。国防要中央管，就必须在香港驻军。你回去就说中国这个立场是坚定不移的，没有谈判的余地！"[①] 至此，英国在中英香港问题谈判过程中放弃了反对中国在香港驻军的立场。杰弗里·豪最终妥协，"英国不应该同中方公开谈论这个问题，这样做将会使他们更加紧密地团结在一起来坚持其立场。既然在谈判中我们已经明确了我们的立场，那么在不远的将来我们再提出这个问题将不会有什么收获。接下来英国的策略是，鼓励来自香港的旅游者向中国领导人提出这个问题，强调邓小平的讲话对香港信心造成的严重影响。这样可能会使中国领导人进一步意识到在香港驻军所面临的内部困境。在后面的谈判阶段英国当然应该进行最后一次尝试，要求中国单方面声明保证中国军队仅仅会在特殊的情况下才会进驻香港。如果这个最后的努力也失败了，我们除了把这个问题搁置到过渡期之后别无其他选择"[②]。当英国方面提出希望在拟定《中英关于香港问题的联合声明》正文和附件关于防务问题的条款时加上"驻军主要目的和任务限于对付外来威胁"时，中国方面表示，"不能同意"。[③]

三　英国关于设立中英联合联络小组的政策

1984年4月上旬，在中英关于香港问题谈判的第二个阶段，

① 宗道一：《周南口述：遥想当年羽扇纶巾》，齐鲁书社，2007，第286页。

② *TNA*, Hong Kong: Howe PS letter to No. 10, Jun 21, 1984, PREM19/1265 f90.

③ 齐鹏飞：《中英香港回归祖国谈判中的驻军问题》，《党史博览》2007年第3期。

双方讨论的议题是1997年之前香港制度安排问题。为了保证香港的顺利交接，按照邓小平的提议，应该组建一个中英联合机构进驻香港。这个联合机构名称原来是中英联合委员会，后改为中英联合联络小组（以下简称“小组”）。英国认为，中国政府欲通过“小组”提前介入香港事务，作为其“第二权力中心”，进而削弱英国对香港的统治。撒切尔政府对中方的提议极力反对。在此期间，邓小平同志见过一次杰弗里·豪，希望他们再考虑一下这个事情的必要性，并指出可以先不马上进驻，头几年在伦敦、北京、香港三地轮流开会。[①] 然而，英国方面依旧不同意。自1984年4月15日杰弗里·豪访华后三个月里中英就此问题一直未达成协议。

由于英国的不配合，中英谈判由此陷入僵局。1984年7月初，距离邓小平提出的谈判最后日期（1984年9月）只剩下两个月时间，双方就此问题仍未达成协议，整个中英香港谈判面临破裂的危险。1984年7月5日，柯利达提醒撒切尔夫人，如果双方僵持到9月初，风险过高，很可能会酿成大错。鉴于时间紧迫，中英很可能将无法达成协议，并会使中英已达成的共识陷入危局。[②] 撒切尔夫人对此极为重视，开始研究对策，准备与中国政府就该问题展开最后的谈判。

在设立“小组”问题上，香港总督和英国外交部观点不同。尤德坚决反对设立该机构，认为在香港设立“小组”立场上的退让将会是一个重大的政策变动，“这将会减损港督政府的权威，并且事实上开启了一个缓慢的（中英）共同管理的过程”。他建议英

① 宗道一：《周南口述：遥想当年羽扇纶巾》，齐鲁书社，2007，第288～289页。

② *TNA*, Hong Kong: Cradock minute to No. 10, Jul 5, 1984, PREM19/1266 f215.

国在 9 月之前不要做任何改变，并且反对外交大臣 7 月到北京访问。英国外交部则倾向于有条件同意设立“小组”。“假如联络小组的权力能受到足够严格的限制，那么这个小组在实践中就不会对香港政府的权威产生威胁。”① 英国外交部提议杰弗里 · 豪应在 7 月底访华，阐明英方观点并就该问题继续交涉。撒切尔夫人最终采纳了英国外交部的建议。她责成英国外交大臣杰弗里 · 豪于 1984 年 7 月底访问北京，并由他将首相的信件转交中国领导人，阐明英方对设立联合联络小组的立场。② 这封信的核心内容如下：“我们坚信，先在香港建立一个联合小组的驻地机构不仅会产生一种共同管理的印象，而且也会破坏香港政府的权威，使得其从现在到 1997 年这一阶段继续有效管理香港会变得极其困难。中国仅仅保证联合小组不会成为权力机构，这难以消除其所带来的不确定性。事实上，这个提议已经在香港引起很大的不安。我请求你非常认真地考虑我们的想法。然而，我同样也很担忧我们在这一点上的分歧会阻碍双方关于起草协议的进展，会使我们很难在有限时间内签署协议。因此，我建议现在我们应该把联合小组地点的问题搁置到一边，取而代之的是讨论它的构成和功能，看看是否我们能在这些问题上达成一致。”③

1984 年 7 月 28 日，杰弗里 · 豪和柯利达等人代表撒切尔政府再次访华。在此前后，为了争取英方在此问题上与中方达成协议，中方代表代表酝酿了新的方案。一是承诺小组不干涉香港的日常行

① *TNA*, Hong Kong: Cradock minute to No. 10, Jul 5, 1984, PREM19/1266 f215.

② *TNA*, Hong Kong: No. 10 record of conversation, Jul 6, 1984, PREM19/1266 f210.

③ *TNA*, Hong Kong: MT letter to Premier Zhao of China (negotiations), 1984 Jul 23, THCR 3/1/39/ f132 (T133/84).

政事务，二是入驻香港的时间可以推迟一年或者两年，1997年香港回归后“小组”再存在一年或者两年。邓小平对此表示同意：“进驻是必须的，名称可以改变，进驻的时间也可以松动。大家可以互谅互让，但是必须进驻。晚两年进驻和晚两年撤销也无所谓。你们要争取按此方案谈出个结果来。”[①] 按照邓小平的指示，7月28日，周南和柯利达交换了意见，周南指出，“联合小组必须进驻香港，除了明确规定任务之外，进驻的时间可以晚点。1984年底正式签署协议，可以1985年、1986年、1987年，三年在外面，到了第四年，1988年1月1日入驻，为了照顾你们，1997年再过两年半，到2000年结束”[②]。周南再次强调这是中方的底线，如果英国不能接受中方的提议，那么整个谈判将会破裂。

英方对此继续讨价还价，以试探中方的最后底线。他们认为在小组入驻香港的时间上仍有可调整的余地，提出将进驻时间推迟到1993年。周南明确表示中国绝对不会接受将联合小组进驻香港的时间推迟到1993年。[③] 1984年7月29日，杰弗里·豪与中国外交部部长吴学谦进一步讨论了联合小组进驻香港的时间问题。杰弗里·豪提出英国希望联合小组延期至1989年进驻香港。中方表示，中国政府的立场是1988年1月1日联合小组进入香港。杰弗里·豪又说，可以把1988年7月1日作为生效期，在1997年期满的时候，也可以用一年中的这个时间。[④] 第二天，中方经研究决定，同意了英方的请求。

杰弗里·豪将此事向撒切尔夫人汇报。撒切尔夫人基本表示赞

① 宗道一：《周南口述：遥想当年羽扇纶巾》，齐鲁书社，2007，第290页。

② 宗道一：《周南口述：遥想当年羽扇纶巾》，齐鲁书社，2007，第292页。

③ *TNA*, Hong Kong: UKE Beijing telegram to FCO, Jul 28, 1984, PREM19/1266 f41.

④ *TNA*, Hong Kong: UKE Beijing telegram to FCO, Jul 30, 1984, PREM19/1266 f24.

同，但仍不死心，认为中方还能在这个问题上体现出某种弹性。她授意杰弗里·豪尽可能再去努力地进行谈判，“将联络小组的进驻香港的时间推迟到 1990 年。当然，采取什么样的策略你自己来定。一个可能性的方式是可以将它同某种事情挂钩，从最初的那个期限开始，以每次推迟两年或三年的方式推进，或者是从 1993 年向后以 X 年的方式推进。我不知道这种方法是否可行。不管怎样，两年时间太短了，希望你在这个上面能有所进展”①。事实证明，撒切尔夫人的计划并未实现。1984 年 8 月 3 日，周南在与柯利达共进午餐时明确了中方立场：“如果我们没有解决联合小组的问题就离开北京，那么中方将撤回此前做出的让步，并且整个的谈判就会破裂。”② 撒切尔夫人知道了有关情况后，同意了中国的立场，但仍对英方未能将小组进驻香港的时间推迟到 1988 年以后感到失望。③

余 论

通过梳理英国政府在 1982 ~ 1984 年中英关于香港问题谈判的政策制定过程，可以得出以下几点结论。

从谈判的实际效果来看，英国在上述三大核心问题中均未达到意图，这从侧面反映和说明了中国共产党谈判策略的成功和对香港恢复行使主权的决心与智慧。面对英国政府先后提出的“以主权换治权”、阻止中国政府在港驻军和反对设立“中英联合联络小组”的策略，中方在邓小平等党和国家领导人的亲自指挥下，坚

① *TNA*, Hong Kong: UKE Beijing telegram to FCO, Jul 30, 1984, PREM19/1266 f24.

② *TNA*, Hong Kong: Cradock minute to MT, Aug 3, 1984, PREM19/1267 f390.

③ 宗道一:《周南口述：遥想当年羽扇纶巾》，齐鲁书社，2007，第 293 页。

持原则性与灵活性相统一，对其进行了一一应对，打破了英国政府不愿意交还香港的幻想。在谈判伊始，中方就首先明确“主权问题不是一个可以讨论的问题”，并肯定 1997 年对香港恢复行使主权，这是原则性问题以及可以继续谈判的前提。针对如此坚定的立场，英国不得不放弃事先制定好的预案，接受中国对香港享有完全主权。在香港驻军问题上，英国百般阻止，甚至还提出以“内部安全部队”取代中国人民解放军驻港的方案。中方则强调这是中国政府对香港恢复行使主权的标志，没有谈判的余地，从而迫使英国妥协。在“设立中英联合联络小组”问题上，英国曾一度态度强硬，拒绝接受。为此，中国做出将该小组延期至 1988 年入驻，且延长至 2000 年结束的非原则性让步后，撒切尔政府接受了中国的方案。总的来说，英国在香港主权归属、驻军以及设立中英联合联络小组等核心问题的谈判上所打的如意算盘都落空了。关于这一点，撒切尔本人也承认，“对英国来说，这不是也不可能是胜利，因为我们是同一个不愿意妥协和实力上远远占优势的对手打交道”，但更主要的还是在于中国政府立场的坚定性、政策的正确性和策略的灵活性。

从谈判的历史影响来看，尽管英国在上述三大核心问题上未达到预定目标，但其并不愿意彻底放弃香港，而是尽可能地采取其他各种方式和手段，保持自身在香港的最大利益和延续对香港事务的影响。在《中英关于香港问题的联合声明》的谈判中，英国争取到可以与香港“建立互利的经济关系”，这就保证了其在没有政治力量保护下在港的经济利益。在过渡时期，一旦遇到合适的机会，英国就会制造麻烦，极力培植亲英势力，把权力交给亲英分子，试图夺回和多保留一些在港既得利益。比如，1989 年英国政府推出“居英权计划”，以收买香港居民的人心，增强香港民众对英国的信心；1992 年彭定康接任港督后抛出“政改方案”，之后英方自行按照这一方案安排香港的选举；等等。这些做法都是英国企图仍能够保持对香港的某种政治影响的表现。香港回归以来，虽然其受殖民统治的时期已结束，但英国以延续对香港居民在“道义上的义务”和政治上的承诺[①]为由，不断介入香港的政治改革，干涉香港事务。最常规的做法是定期发布《香港问题半年报告》，自 1997 年起，英国外交部开始向议会提交《香港问题半年报告》，并公开发布。截至 2018 年 9 月，已发表 43 份。这是英国对香港政策最具延续性的政治手段和较为重要的干涉香港事务的途径。该报告的意图是评估中国政府对香港恢复行使主权后是否遵守《中英关于香港问题的联合声明》。值得注意的是，近年来其议题更侧重于政治领域，包括人大释法、行政长官选举、立法会与中央政府关系等敏感问题。[②] 与此同时，英国高级官员还不断就香港的政治问题发表意见，表达关切。仅 2002 ~ 2016 年，就有 5 位外交大臣先后对香港的人权、言论自由、普选等问题多次表明立场，呼吁香港人抓住政改机会。甚至 2014 年英国首相卡梅伦在议会接受质询时，还公开支持非法“占中”运动，敦促中国应确保香港“取得有意义的民主进展”。[③]

通过以上梳理和分析，显然，从历史承继性和因果关联性上

---

① 英国以香港民意调查问卷为依据，称香港居民希望继续受英国统治，因此，英国以此为理由认为虽然香港回归了中国，但其仍要履行政治承诺，即继续监督香港的民主发展。参见谢宜蓉《1997 ~ 2010 英国对中国及香港政策研究》，外交学院硕士学位论文，2008，第 38 页。

② 陈寒溪、刘诗琦：《英国对香港事务的干预及其对中英关系的影响》，《战略决策研究》2018 年第 1 期。

③ 《英美再对香港问题指手画脚，中方：外国无权干预》，环球网，2014 年 10 月 17 日，http：//world. huanqiu. com/exclusive/2014 - 10/5169492. html。

说，英国的这些政策和做法是其在香港问题谈判中未达到既定目标后的另一种选择。从现实角度而言，其首先对中英关系产生了一定的消极影响。英国对香港事务的干涉，尤其是在非法“占中”等事件上的表态引起了中国政府的强烈不满，中国外交部强硬回应香港事务纯属中国内政，坚决反对英国以任何方式干涉香港内部事务。其次对香港民众，特别是青年人的国家认同、民族意识的培养以及人心的真正回归起到了某种程度的阻碍作用。英国长期推行的“居英权”计划是把目标瞄准那些“国家认同”不太牢固的群体以强化英国认同的关键环节，这样就弱化了部分香港居民“中国人”身份的认同感。而其通过以软文化外交的方式不断传播英国的文化和价值观，致使西方意识形态在后殖民主义时期“真理”性存在，并渗透到教育中，使部分新生代港人深受英国殖民文化的负面浸染，不利于香港国家认同感和向心力的增强，进而影响到真正的民心回归。

Exploration of the British Government on Decision Process of the Talks on the Question of Hong Kong Between China and British from 1982 to 1984

—Based on the British Declassified Diplomatic Files

Guo Yonghu, Yan Liguang

Abstract: With the British government recent declassified diplomatic files reveling, in the process of the talks on the question of Hong Kong between China and British from 1982 to 1984, the British government made the strategy of "Sovereignty Replace Administration" on the attribution question of Hong Kong sovereignty, that is with Chinese nominal sovereignty over Hong Kong replacing British actual administration and control authority. The British government strongly opposed to the stationing of PLA troops in Hong kong, even put forward with an internal security force repalcing the plan of the stationing of PLA troops in Hong Kong on the question of the stationing of troops. The British Government also greatly prevented on estalishing the joint liaison group between China and British, mading their Talks the edge of breakdown. From the point of view of actual result of British decision and the result of talks, the targeted goals as above had not come true, which reflects strong will and wisdom of the Chinese government on recoving sovereignty over Hong Kong. From the point of view of the longstanding effect of talks, British did not give up Hong Kong, but keep British the best interests in Hong Kong and continue affacting HongKong's affairs by using various other ways and means in different periods.

Key words: The Hong Kong Question; China; British; Diplomatic Negotiations

港澳经济与生态

区域生态环境保护协同机制的优化构建

——以粤港澳大湾区为例*

古小东　夏斌**

摘　要： 基于生态环境的整体性、污染物的移动性以及环境利益的一致性，我们认为区域生态环境协同保护意义重大且极为迫切。以粤港澳大湾区为例，研究认为，其生态环境协同保护虽取得了一定的成效，但仍需进一步完善机制。生态环境保护协同机制的构建应以区域资源环境承载力为基础。各地经济发展水平、产业结构不同，应以“命运共同体”思想为指导，结合各地的人口经济资源环境适当考虑“共同但有区别”的责任，实现利益责任的协同。为强化生态环境保护主体之间的协同性、执行力与约束力，应全面构建

* 本文系国家社科基金“新时代海洋强国建设”重大研究专项项目“陆海统筹背景下我国海洋生态环境协同治理研究”（18VHQ014）、中国博士后科学基金面上一等资助项目“我国海洋生物多样性保护法律制度研究”（2016M600645）、广州市社科规划智库课题“粤港澳大湾区生态保护与环境治理研究”（2017GZZK42）、广州市科技计划项目“海洋与渔业类型保护区可持续发展对策研究”（201806030015）的阶段性成果。

** 古小东，博士，广东外语外贸大学法学院暨绿色发展法治研究中心教授，中山大学海洋科学学院研究员；夏斌，博士，中山大学海洋科学学院教授，博士生导师。

“左右”“上下”“内外”多元共治的格局，实现保护主体的协同。“山水林田湖草是一个生命共同体”，应建立并实施从山顶到海洋、从天上到地下、陆海统筹的基于生态系统的综合管理模式，实现保护对象的协同。环境政策工具多样、各有优劣，应多种手段结合、互补，实现政策工具的协同。简言之，应以资源环境承载力为基础，实现利益责任协同、保护主体协同、保护对象协同、政策工具协同，即“一个基础、四个协同”。

关键词： 区域生态环境保护　协同机制　粤港澳大湾区　多元共治

一　引言

基于生态环境的整体性、污染物的移动性以及环境利益的一致性，我们认为区域生态环境的协同保护意义重大且极为迫切；粤港澳大湾区作为区域生态环境协同保护的研究样本具有一定的典型性。湾区是河流、海洋、陆地三大生态系统交会的区域，是海岸带的重要组成部分，有着丰富的海洋、生物、环境资源以及独特的地理景观和生态价值，可以依托其资源环境禀赋打造宜居宜业的环境优势，提升城市发展的质量和人民生活的品质。纵观国际上湾区经济发达的地区，如东京湾、旧金山湾和纽约湾等无不以良好的生态环境作为依托。

粤港澳大湾区一衣带水、共享同一片蓝天，河海和港湾亦紧紧接壤，经济和文化自古紧密相连，穹顶之下同呼吸共命运。建设世界一流湾区，必然要求有良好的生态环境，包括大气环境、水环境、土壤环境、海洋环境等。2018 年 8 月 15 日，在粤港澳大湾区领导小组会议上，韩正副总理提出以“绿色发展，保护生态”作为粤港澳大湾区建设的六大原则之一。新加坡国立大学东亚研究所所长郑永年教授认为，“粤港澳大湾区不仅是经济发展项目，还是制度创新、制度先进化的项目”。笔者认为，粤港澳大湾区生态环境保护协同机制是“一国两制”下的制度创新与实践，能为粤港澳三地的长期繁荣稳定提供很好的保障。

二 粤港澳大湾区生态环境协同保护现状分析

20 世纪 80 年代，珠江口是最丰产的近海水产区和水生物繁殖区，是生物种群最丰富、生物优势种群更迭最活跃的海区。[①] 随着珠三角区域的经济发展，污染物入海量剧增，大规模的围海造地、人工填海、养殖及建设港口码头等人类活动使伶仃洋正在变浅变小，无序采砂造成海岸侵蚀、珠江口红树林区面积锐减、湿地功能严重退化、局部海域“荒漠化”。[②] 近年来，粤港澳三地采取了一系列的协同保护生态环境举措，并取得了一定的成效。

（一）粤港澳大湾区大气环境质量得到一定改善，优于京津冀、长三角地区

环境指标是分析和评估一个地区或国家环境质量的有效工具，

① 唐永銮：《广东省海岸带和海涂资源综合调查报告》，海洋出版社，1987，第 1～3 页。

② 江璐明、张虹鸥、梁国昭：《环珠江口与环东京湾地区产业发展及环境比较》，《热带地理》2005 年第 4 期，第 331～335 页。

为世界上大多数国家所采用。2006 年至 2016 年，粤港澳珠江三角洲区域空气监测网络测得的 SO_2、NO_2、PM10 的年平均值分别下降 74%、24% 和 38%，呈现明显下降趋势（见表 1)，表明近年推行的改善大气环境的措施已取得一定成效。

表 1 粤港澳珠江三角洲区域空气监测网络污染物浓度的年平均值

年度 \ 指标	SO_2 (μg/m³)	NO_2 (μg/m³)	O_3 (μg/m³)	PM10 (μg/m³)	PM2.5 (μg/m³)	CO (mg/m³)
2006	47	46	48	74	—	—
2007	48	45	51	79	—	—
2008	39	45	51	70	—	—
2009	29	42	56	69	—	—
2010	25	43	53	64	—	—
2011	24	40	58	64	—	—
2012	18	38	54	56	—	—
2013	18	40	54	63	—	—
2014	16	37	57	56	—	—
2015	13	33	53	49	32	0.791
2016	12	35	50	46	29	0.786

注：由于塔门子站从 2015 年 11 月 30 日至 2016 年 2 月 26 日暂停运作，因而该子站在 2016 年的小时数据获取率不足以作年评价，故 2016 年污染物浓度网络平均值统计计算中未包含该子站数据。

资料来源：《粤港澳珠江三角洲区域空气监测网络 2016 年监测结果报告》。

就粤港两地而言，双方均已达到各自的二氧化硫、氮氧化物、可吸入悬浮粒子和挥发性有机化合物的 2015 年减排目标。根据 2015 年排放清单，香港特区主要空气污染物的排放量较 2010 年下降 14% ~45%，珠三角经济区则下降 11% ~25%。香港特区的二氧化硫、可吸入悬浮粒子和挥发性有机化合物，及珠三角经济区的二氧化硫的减排幅度都远超目标（见表 2)。[①]

① 香港特区环境保护署网站，https://www.epd.gov.hk/epd/sc_chi/environmentinhk/air/data/emission_inve.html。

表2 粤港珠江三角洲地区2015年减排结果

单位：%

污染物	地区	2015年减排目标#	2015年实际减排成效#（根据2015年排放清单）
二氧化硫	香港	-25	-45
	珠三角经济区	-16	-25
氮氧化物	香港	-10	-14
	珠三角经济区	-18	-22
可吸入悬浮粒子	香港	-10	-20
	珠三角经济区	-10	-14
挥发性有机化合物	香港	-5	-14
	珠三角经济区	-10	-11

#表示与2010年的排放水平比较。
资料来源：香港特区环境保护署网站。

2017年5月，环境保护部发布的《2016中国环境状况公报》表明，珠三角地区的空气污染物 SO_2、NO_2、O_3、PM10、PM2.5、CO数据全部优于同期的京津冀地区、长三角地区；广州市的空气污染物数据除 SO_2 劣于北京市、NO_2 劣于上海市、CO与上海市一致之外，PM2.5、PM10、O_3 均优于同期的北京市、上海市（见表3）。

表3 京津冀地区、长三角地区、珠三角地区2016年空气污染物状况

指标 区域	SO_2（μg/m³）	NO_2（μg/m³）	O_3（μg/m³）	PM10（μg/m³）	PM2.5（μg/m³）	CO（mg/m³）
京津冀	31	49	172	119	71	3.2
长三角	17	36	159	75	46	1.5
珠三角	11	35	151	49	32	1.3
北 京	10	48	199	92	73	3.2
上 海	15	43	164	59	45	1.3
广 州	12	46	155	56	36	1.3

注：表中的珠三角地区仅指广东省的珠三角地区九市，不包括香港地区、澳门地区。
资料来源：环境保护部《2016中国环境状况公报》，2017年5月。

（二）珠江口近岸海域水质差，河口生态系统富营养化，香港地区海水水质受珠江排放影响较大

原环境保护部与中国科学院联合开展的全国生态环境十年变化调查评估表明，2000年至2010年，我国滨海自然湿地的面积减少了14.9%，大陆自然岸线减少了8.3%。海洋环境质量方面，2015年全国入海河流总体中度污染，陆源污染物排海量大。九个重要海湾中，渤海湾、杭州湾、长江口、闽江口和珠江口等五个海湾的水质属于差或极差。[①] 原国家海洋局于2017年发布的《2016年中国海洋环境状况公报》也显示，2016年我国近岸局部海域的污染依然严重，污染海域包括渤海湾、杭州湾、珠江口等，主要污染物为无机氮、活性磷酸盐和石油类。珠江携带入海的污染物量大；珠江河口生态系统呈富营养化状态，大亚湾浮游动物密度、大型底栖生物密度和生物量小。

广东省海洋与渔业厅2017年发布的《2016年广东省海洋环境状况公报》表明，2016年珠江口大部分近岸海域无机氮和活性磷酸盐指标劣于第四类海水水质标准；大亚湾、大鹏湾和川山群岛等海域大部分为清洁或较清洁海域。香港特区环境保护署2017年发布的《2016年香港海水水质》报告显示，除了受本港沿岸的排放影响外，后海湾及西北部水质管制区在雨季均受到珠江的排放影响。同时，后海湾水质管制区全年亦接收源自深圳河的排放。

---

① 陈吉宁：《以改善生态环境为新动力　积极打造湾区绿色发展新优势——在湾区城市生态文明大鹏策会上的讲话》，《中国生态文明》2016年第2期，第10～15页。

（三）陆源垃圾和海上违法倾倒废弃物导致近海海洋垃圾污染严重

海洋垃圾的最大来源是陆上活动。自 2015 年底特别是 2016 年 8 月以来，广东省海上违法倾倒废弃物呈现“井喷式”增长，有报道称香港面向珠三角的水域，如大屿山、伶仃岛及万山群岛一带沦为内地垃圾堆填区，“被垃圾攻陷”。据广东省海洋与渔业厅统计，2016 年 1 ~8 月共查获违法倾废案件 30 宗，比 2015 年同期增长 200%。往年执法中发现的海上违法倾废行为主要是未办理倾废许可证，或者不在国家划定的可以依法进行海洋倾废的特定海域进行倾倒；新发现的违法倾倒废弃物主要为生活垃圾、工业垃圾和建筑渣土，这些垃圾对海洋生物、海洋生态环境的影响大，也是影响船舶安全的重要隐患。

（四）对港澳地区的供水缓解了其淡水资源紧缺问题，保障了港澳地区供水安全

广东省高度重视东江水质保护工作，将东江水作为“政治水”“经济水”“生命水”。目前广东省通过东深供水工程每年向港供水 7 亿 ~8 亿立方米，占香港总用水量的 70% ~80%。东深供水工程自 1965 年投产以来，已累计对港供水 237 亿立方米，相当于搬动了 1.5 个洞庭湖。澳门境内没有河流和大型蓄水设施，少部分淡水来自本地收集的雨水，98% 的原水依靠珠海供应，即源自珠江主流的西江。珠海竹仙洞水库对澳供水南系统等在 20 世纪陆续建成；珠海斗门竹银水库工程总投资近 10 亿元，于 2011 年建成。据统计，20 世纪 60 年代，广东省对澳门供水量仅为 100 多万立方米，

而2012年，广东省全年对澳供水已达到0.85亿立方米。

粤、港、澳之间除了在大气环境污染、水环境污染、海洋环境污染和供水安全领域开展合作，在林业、海洋资源、生物多样性保护等领域也有合作，并取得了一定的成效。

三　粤港澳大湾区生态环境保护协同机制评析

（一）协同机制之特点

1. 协同保护的领域较广，以磋商为基础

粤港澳生态环境协同保护的领域较广，以大气环境、水环境尤其是近海海域环境以及水资源（安全供水）为主，同时在中华白海豚保护、红树林保护、湿地保护、生物多样性保护、自然保护区、野生动植物保护和贸易、废弃物跨区转移处置、林业科技与灾害防控技术、执法管理、生态旅游等诸多生态环境保护领域开展了交流合作，并取得了一定的成效。由于粤港澳具有不同的目标、利益和诉求，以及不同的政治、法律和行政制度，每一个议题的合作均需要经过多次沟通磋商。

2. 组织机构包括联席会议、合作小组、专家小组、专题/专责小组等多种形式

以粤港为例，其组织机构主要包括以下几种。

（1）粤港合作联席会议

自1998年起每年一次，轮流在广州和香港召开，由广东省与香港特区政府的行政首长共同主持。其议题内容涉及两地在区域合作规划制定、基础设施、产业经济、营商贸易、科技创新、生态环

境、教育人才等事务方面的合作协调，具有宏观指导意义。

（2）粤港持续发展与环保合作小组

1990年成立了“粤港环境保护联络小组”，并于1999年更名为“粤港持续发展与环保合作小组”（简称“合作小组”），是粤港两地环境保护领域的重要合作机构，其具体负责两地环保合作事宜中的联系工作。合作小组每年召开会议，主要内容是审议专家小组和专题/专责小组的年度工作报告，审议粤港两地之间环保合作的年度主要工作成果，并就双方共同关心和需要解决的环境质量、自然资源、生态环境及可持续发展事宜进行交流磋商，议定下一年度的合作计划。

（3）专家小组和专题/专责小组

专家小组的职责是拟订年度工作计划，提出相关的工作建议、方案和合作项目，协调各专题项目的讨论，以及审阅各专题工作成果与报告，并向合作小组报告。专题/专责小组有“珠江三角洲空气质素管理及监察专责小组”“林业及护理专题小组”“海洋资源护理小组”“珠江三角洲水质保护专题小组”“大鹏湾及后海湾（深圳湾）区域环境管理专题小组”“粤港清洁生产合作专责小组”“东江水质保护专题小组”“粤港海洋环境管理专题小组”等，专门负责某项具体跨界环境问题的监察、研究、合作交流，并讨论制定应对策略。

3. 政策工具包括法律、行政计划、协议等多种

在政策工具方面，有法律、行政计划、协议等多种，内容涉及规划编制、环境治理、信息通报、科学研究、环保宣传等。例如，为保护东深供水工程水质，广东省人大于1991年制定了《广东省东江水系水质保护条例》（后经多次修改）；此外，广东省人大、省政府还先后出台了十余个法规及文件；自2011年至2017年，东江流域内的广州、深圳、韶关、河源、惠州、东莞等6市共拒绝批准约7000个涉及影响东江水质的发展项目，淘汰了1391家重污染企业。2000年粤港两地政府制定《后海湾（深圳湾）水污染控制联合实施方案》，2003年粤港两地政府签署《珠江三角洲地区空气质素管理计划》，2009年粤澳两地政府签署《粤澳供水协议》，2012年粤港两地政府确认了2020年的减排方案，2014年粤港澳三方签署《粤港澳区域大气污染联防联治合作协议书》，2017年粤澳签署《2017～2020年粤澳环保合作协议》等，内容涉及规划编制、环境治理、信息通报、科学研究、环保宣传等多个方面。

4. 以环境设施建设、环保资金投入、科学研究等为支撑

为解决东江水质污染问题，2000年8月广东省政府启动了东深供水改造工程，建设专用输水系统，实现"清污分流"，保障香港供水安全，工程历时3年，总投资超过了42亿元人民币。香港地区投入近2亿元为石湖墟污水处理厂建造额外的处理设施，以期改善东江水质；拨款9306万元为广东省的港资企业提供清洁生产技术支持，推行"清洁生产伙伴计划"。大气环境方面，2005年11月正式启用"粤港珠江三角洲区域空气监控网络"，并于2015年把空气质量监测范围扩展至粤港澳三地；开展"粤港澳区域性PM 2.5联合研究"，为规划改善区域空气质素的策略提供科学基础。

（二）协同机制之不足

1. 各地经济发展水平和人口资源环境承载力不同，区域可持续发展决策的科学性与协同性有待提升

通过对2015年港澳珠江三角洲区域人口、土地、经济方面的部分数据进行比较（见表4），可以看出各城市的经济发展水平、产业结构、人口密度、资源环境承载力不同。珠三角九市人口密度约为1073人/平方公里，深圳市约为5697人/平方公里，比较接近于香港地区的人口密度（约6759人/平方公里）；人口密度最高的是澳门地区，约21276人/平方公里，是珠三角九市人口密度的20倍左右。人均GDP最高的也是澳门地区，约合459371元人民币；其次是香港地区，约合274920元人民币；珠三角九市人均GDP为106001元人民币，为澳门地区的1/4左右。就产业结构而言，珠三角九市的第二产业比重约为43.58%、第三产业比重约为54.62%；而香港地区和澳门地区的第三产业比重均在90%以上。此外，香港地区和澳门地区均没有一次性能源生产；澳门地区和香港地区的淡水资源紧缺，澳门地区98%的原水、香港地区70%～80%的原水依靠广东省供应；香港地区和澳门地区的大部分农产品、水产品从广东省进口。

表4　2015年港澳珠江三角洲区域人口、土地、经济方面部分数据比较

指标＼区域	香港地区	澳门地区	珠三角九市	广州市	深圳市
人口数量（万人）	730.57	64.68	5874.27	1350.11	1137.87
陆地土地面积（平方公里）	1080.83	30.4	54763	7248.86	1997.27
人口密度（人/平方公里）	6759	21276	1073	1863	5697
GDP（亿元人民币）	20084.83（23971.24亿港元）	2971.21（3687.28亿澳门元）	62267.78	18100.41	17502.86
人均GDP（元人民币）	274920（328117港元）	459371（570080澳门元）	106001	134066	153821

续表

指标＼区域	香港地区	澳门地区	珠三角九市	广州市	深圳市
产业结构	—(第三产业比重为 90%以上)	0:5.2:94.8	1.8:43.58:54.62	1.26:32:66.74	0:41.2:58.8

注："—" 表示目前没有找到具体的数据。

资料来源：①香港特别行政区政府统计处网站，《香港统计年刊》2016 年版；②澳门特别行政区政府统计暨普查局，《澳门资料年刊（2016）》；③《广东统计年鉴（2016）》《广州统计年鉴（2016）》《深圳统计年鉴（2016）》。

有学者对广东省珠三角九市的相对资源承载力进行了分析，研究认为江门、肇庆、惠州的传统综合承载力和绿色综合承载力的排名位于前三，虽然耕地面积多而人口较少是其排名靠前的重要影响因素，但也表明这三个城市在发展经济的同时，也注重资源环境的协调发展，可持续发展程度较高；佛山、深圳、东莞三市经济高速发展，但资源消耗、环境恶化问题较严重，且人口多、人均土地面积少、相对自然资源承载力低。[①] 总体而言，与香港地区和澳门地区相比较，广东省珠三角九市目前的产业经济发展将耗费更多的资源，并将产生更多的污染物、废弃物；同时，由于香港地区和澳门地区经济发展水平更高，其对生态环境质量的要求也必然更高。另外，澳门地区和香港地区人多地少，人均生态承载力低。

再则，各地的经济发展水平不同，也会导致各地的利益诉求及其制定的政策目标可能不一致，区际政府在生态环境保护的责任承担上可能相互推诿、难以协调。环境"公地悲剧"和"经济人假设"，以及区域经济产业竞争、地方保护主义、区域政策制度不一

① 吴丹、黄宁生、匡耀求、朱照宇：《加入质量考量的相对资源承载力研究——以广东珠三角为例》，《江西农业学报》2014 年第 7 期，第 133～136 页。

致等因素，导致出现利益协调较难、磋商合作管理成本较高，乃至生态环境部分恶化等问题。

基于此，区域内各地尚需结合其人口、经济、资源环境的实际状况，合理控制人口，发展绿色产业，科学配置和高效利用资源、减少环境污染，提升发展质量，提高区域发展决策的科学性；并充分考虑各地的差异性，协同各地之间的利益与责任，实现区域可持续发展。

2. 生态环境多元共治的治理格局尚需进一步完善

协同理论要求同级政府之间、同级政府的不同部门之间“左右”协同，不同层级的政府之间、不同层级政府的部门之间“上下”协同，以及政府与非政府组织、公众之间“内外”协同，实现多元主体共管共治。就我国内地的生态环境保护而言，目前的多头管理体制导致藩篱障碍，社会公众、企业、相关领域专家参与广度深度不够，“内外”联动不足；多元主体参与的责任界限模糊。

2018 年 3 月，我国内地为统筹山水林田湖草系统治理组建了自然资源部，为整合分散的生态环境保护职责组建了生态环境部，这在一定程度上解决了长期存在的“左右”的横向职能分散、缺乏有效协调问题；但“上下”的纵向监管乏力，执行力、约束力不足，以及“内外”的公众参与不足问题依然需要进一步解决。

3. 自然资源与生态环境的管理对象分离以及陆海统筹不足导致“碎片化”困境

“山水林田湖草”是一个生命体，生态环境具有整体性，自然资源与生态环境之间亦是密不可分。以土地（土壤）为例，其既有资源属性，是自然资源管理的对象，同时也有生态环境属性，是生态环境保护的对象。土地（土壤）是人类赖以生存的最基本自然资源，农产品耕种、畜牧养殖、人类居住用地建设都离不开土地（土壤），但土地（土壤）面临着过度使用、流失、滑坡等问题；同时作为重要的生态环境要素，土壤污染将威胁到农产品质量安全和人居环境安全，土壤退化、紧压、密闭亦将影响其在气候调节、水文调节、保障生态系统服务和生物多样性等方面的生态环境功能。然而，我国内地现行的管理体制是自然资源与生态环境分别归不同的部门管理，这与资源环境整体性产生矛盾，需进一步协同。

湾区是陆海交会带，海湾接纳了众多的陆源污染物。海岸带和海洋的生态环境问题，无论是水污染还是固体废弃物污染，绝大部分源自陆地与河流。温室气体导致的海洋酸化、海平面上升等问题均与人类活动密切相关。过度无序的围海填海活动导致自然岸线减少与浪费，既破坏了滨海湿地，也扰乱了流域—河口—近海系统的陆海相互作用过程，进而影响近岸海域的水动力、水环境、生物过程，影响海岸带的生态环境功能，加剧生态环境灾害。① 陆海统筹不足，导致生态环境保护面临割裂、脱节和碎片化的困境。

4. 粤港澳三地的法律、政策、环境标准以及行政架构不同，制度政策的实施保障尚需协同强化

粤港澳三地分属三个不同的法域，法律政策乃至环境标准的制定不同。以粤港两地的空气质素标准为例，珠三角九市采用的是原环保部2012年修改发布、2016年1月1日实施的《环境空气质量

---

① 侯西勇、刘静、宋洋、李晓炜：《中国大陆海岸线开发利用的生态环境影响与政策建议》，《中国科学院院刊》2016年第10期，第1143~1150页。

标准》（GB3095－2012）；香港地区现行的是2014年1月1日生效的《空气质素指标》。两地的空气环境标准在污染物指标项目的设置、标准状态的定义、污染物指标的浓度限值、是否容许超标次数、实施与更新时间等方面均不同，总体上香港地区比内地更为严格。

粤港澳三地的行政架构亦有不同，在具体的环境治理和事务执行方面更多依靠磋商、谈判、信息通报，难以形成合力。政策工具多为命令—控制式手段，市场化手段运用较少；以协议、计划、方案等形式的合作的制度安排为主，体系较为分散，内容不够详尽具体。粤港澳三地生态环境信息的公开程度不一，总体上香港地区和澳门地区比广东省的环境信息披露更全面、充分，更易于公众知晓。概言之，粤港澳三地生态环境保护法律政策的内容制定、实施执行、保障机制等尚需进一步协同强化。

四　粤港澳大湾区生态环境保护协同机制的构建和优化

协同机制是近年学者关注和研究的热点之一，相关的概念有协同政府（Joined-up Government）[①]、整体政府（Whole Government）[②]、全观型治理（Holistic Governance）[③]、协同治理（Collaborative

① 解亚红：《“协同政府”：新公共管理改革的新阶段》，《中国行政管理》2004年第5期，第58～61页。

② Shergold Peter, “Connecting Government: Whole of Government Responses to Australia's Priority Challenges”, *Canberra Bulletin of Public Administration*, 2004, 112 (June), 11－14.

③ 彭锦鹏：《全观型治理：理论与制度化策略》，（台湾）《政治科学论丛》2005年第23期，第61～100页。

Governance）、伙伴关系合作（Partnership Working）等。为完善协同保护的机制，拓宽和深化实现环境目标的路径，提升区域生态环境保护的成效，本文结合相关理论以及可资借鉴的国内外跨区域环境治理之经验，认为应以资源环境承载力为基础，实现利益责任协同、保护主体协同、保护对象协同、政策工具协同，即“一个基础、四个协同”。

（一）以资源环境承载力为基础：加强大湾区资源环境承载力的监测、评价和预警，建设“智慧湾区”，为可持续发展提供科学决策依据

国土是生态文明建设的空间载体，资源环境承载力（Resource Environmental Bear Capacity）是人地关系的重要基础，是经济社会发展的基本前提。应重视利用科学技术解决生态环境问题，加强对大湾区资源环境承载力的监测、评价和预警，完善监测预测体系和信息公开制度，增加监测点和监测因子，推进信息化、智慧化、透明化、常态化、共享化。建设“智慧湾区”，将有助于大气、水、海洋、土壤、生物多样性的保护，并为大湾区可持续发展提供科学决策依据。

目前对资源环境承载力评价的认知不统一、关注重点不同、方法各异，主要有人口论（Principle of Population）系列、生态足迹（Ecological Footprint）系列、初级资产账户（Net Primary Production, NPP）系列和其他方法（例如综合指数法、比较法等）四大类。[①] 一

① 牛方曲、封志明、刘慧：《资源环境承载力评价方法回顾与展望》，《资源科学》2018 年第 4 期，第 655 ~663 页。

般认为，对土地资源、水资源、能源、水环境、植被、生态等单要素资源环境承载力的评价虽有一定的价值，但需要在时间、空间的维度上进一步拓展研究；对区域资源环境的多要素承载力进行综合评价，并与区域经济、社会等评价指标体系，以及时间的动态变化、空间的异质性相结合，对区域可持续发展决策制定具有更重要的指导价值。

（二）利益责任协同：以“命运共同体”思想为指导，结合各地的人口经济资源环境适当考虑“共同但有区别”的责任，合理分配各地的污染负荷量

1. 大湾区环境利益具有一致性，应以“命运共同体”思想指导建设美丽健康湾区

习近平总书记在中国传统和文化的基础上提出的“命运共同体”思想，既包含了处理国际关系的“人类命运共同体”思想，也包含了处理国内区域关系的“中华民族命运共同体”思想。[①] 应以“命运共同体”思想为指导，建设美丽健康湾区，实现利益责任的协同。

2. 结合各地的人口经济资源环境等因素，多目标决策计算分配各地的污染负荷量

区域内各地（各主体）之间如何合理分配污染负荷量（或称“排污权”）是极为重要且有一定争议的问题。有的学者主张以区域内各地土地面积作为初始分配排污权的依据；有的学者则认为按照区域内各地人口比例来分配初始排污权更能体现伦理学的公

① 姚满林：《命运共同体思想的四个层次》，《学习时报》2017年1月18日，第2版。

平原则，政治上也可接受。[①] 在大气污染排放领域，我国有学者研究提出通过引入“平权函数”以及“平权排污量”来保证初始排污权分配之现实性与公平性；[②] 亦有学者基于经济最优性、公平性以及生产连续性的原则，构建了多目标决策模型对初始排污权进行免费分配。[③] 在水污染排放领域，亦有类似的同等百分比削减率分配方法（代表公平性的平权分配）、最小费用分配方法（代表经济效益的经济优化分配）、多目标优化分配方法（兼顾公平与效益）等。一般认为，结合各地的人口、经济、资源、环境等因素，通过多目标决策模型计算分配排污量有一定的科学性和合理性。

粤港两地在关于2020年的减排方案中做了合理的分配（见表5）。[④] 日本1973年通过的《濑户内海环境保护特别措施法》对排入濑户内海的工业废水污染负荷量（以化学需氧量COD表示）要求到1976年11月以前降低到1972年水平的1/2，1972年流入濑户内海的工业废水日流量为1345吨，其1/2即约为673吨，且同时对濑户内海有关县的污染负荷极限量进行了分配限制（见表6）。[⑤] 该做法取得了很好的效果，对粤港澳大湾区亦有一定的借鉴意义。

---

① Kverndokk, S., *Tradable CO_2 Emission Permits: Initial Distribution as A Justice Problem*, Memorandum 23/1992, Oslo University, Department of Economics.

② 王勤耕、李宗恺、陈志鹏、程炜：《总量控制区域排污权的初始分配方法》，《中国环境科学》2000年第1期，第68～72页。

③ 李寿德、黄桐城：《初始排污权分配的一个多目标决策模型》，《中国管理科学》2003年第6期，第40～44页。

④ 香港特区环境保护署网站，https://www.epd.gov.hk/epd/sc_chi/environmentinhk/air/data/emission_inve.html。

⑤ 于效群、于夫：《濑户内海治理经验浅析》，海洋出版社，1987，第4～5页。

表 5　粤港珠江三角洲地区 2020 年减排目标

污染物	地区	2012 年公布的 2020 年减排幅度#	确立的 2020 年减排目标#
二氧化硫	香港	-35% ~ -75%	-55%
	珠三角经济区	-20% ~ -35%	-28%
氮氧化物	香港	-20% ~ -30%	-20%
	珠三角经济区	-20% ~ -40%	-25%
可吸入悬浮粒子	香港	-15% ~ -40%	-25%
	珠三角经济区	-15% ~ -25%	-17%
挥发性有机化合物	香港	-15%	-15%
	珠三角经济区	-15% ~ -25%	-20%

#表示与 2010 年的排放水平比较。

资料来源：香港特区环境保护署网站。

表 6　日本濑户内海有关县污染负荷量分配情况

府县名	1972 年发生负荷量（吨/日）	允许的负荷量（吨/日）	占 1972 年水平的比例（%）
	企业（家庭）	企业（家庭）	企业（家庭）
大阪府	149(227)	74(202)	49.7(89.0)
兵库县	131(204)	65(138)	49.6(67.6)
和歌山县	60(70)	41(51)	68.3(72.9)
冈山县	122(143)	66(87)	54.1(60.8)
广岛县	100(129)	56(85)	56.0(65.9)
山口县	358(380)	127(149)	35.5(39.2)
德岛县	62(70)	41(49)	66.1(70.0)
香川县	19(28)	18(27)	94.7(96.4)
爱媛县	124(142)	80(98)	64.5(69.0)
福冈县	75(96)	49(70)	65.3(72.9)
大分县	145(161)	56(72)	38.6(44.7)
共计	1345(1650)	673(1028)	50.0(62.3)

资料来源：于效群、于夫：《濑户内海治理经验浅析》，海洋出版社，1987，第 5 页；笔者对部分数据有修改更正。

（三）保护主体协同：完善构建多元共管、联防联控的协同治理格局，强化府际合作，并加强公众的有效参与和监督

设立跨区域的机构可借鉴国际上的经验，例如美国的旧金山湾、田纳西流域，欧洲的莱茵河流域等。为应对旧金山湾区的环境问题，加州于 1965 年通过了 *McAteer-Petris Act*，并根据该法案成立了临时性的旧金山湾自然保护与发展委员会（San Francisco Bay Conservation and Development Commission，又译为“旧金山湾养护与发展委员会”）。1969 年通过对该法案进行修订，确立了旧金山湾自然保护与发展委员会作为专门性部门在保护旧金山湾环境方面的法律地位。[①] 粤港澳大湾区需完善构建多元共管、联防联控的协同治理格局，强化府际合作，并提升公众参与监督的有效性。具体建议如下。

第一，设立“粤港澳大湾区资源环境保护与发展委员会”，将其作为大湾区自然资源与生态环境保护领域的常设机构，整合与协调自然资源开发利用、生态环境保护与经济社会发展相关主管部门之间的不同目标、计划与行动，促进“左右”“上下”协同。其职责主要包括：①开展大湾区生态系统、资源环境承载力的调查和研究；②结合大湾区的实际，根据大湾区的预定发展目标，拟定大湾区的自然资源利用和生态环境保护对策与行动计划，对每个对策或行动计划提出合理有效的建议；③协调大湾区 11 个城市的资源环境承载力预警计划，综合评估大湾区 11 个城市的行动计划效果，每年向大湾区各城市提出年度评价报告；④向中央政府、大湾区各城市、社

① 毛仲荣：《美国旧金山湾环境立法的执行体制对我国的启示》，《经济师》2014 年第 12 期，第 96 ~ 98 页。

会公众通报大湾区的资源利用、生态保护、环境治理现状与成效等。

第二，在“粤港澳大湾区资源环境保护与发展委员会”下设立下述部门：①作为决策咨询机构的“粤港澳大湾区资源环境保护与发展理事会”。理事会成员为相关领域的专家，包括政府指派的代表、企业代表、社区公众代表，有助于强化决策的科学性。②作为负责具体某一领域事务的执行机构的“粤港澳大湾区资源环境保护与发展执行委员会”，有助于加强执行力、约束力。

第三，鼓励成立有利于大湾区资源环境保护的行业协会等非政府组织。旨在发挥公众的有效参与和监督作用，提升公众参与的广度和深度，促进“内外”协同。

（四）保护对象协同：以“山水林田湖草是一个生命共同体”理念为指导，建立实施从山顶到海洋、从天上到地下、陆海统筹的基于生态系统的综合管理模式

“生态系统”概念自英国生态学家坦斯利（A. G. Tansley）于1935年提出以来，生态系统方法（Ecosystem Approach，简称EA）、基于生态系统的管理（Ecosystem-based Management，简称EBM）等一直备受生态环境管理研究的关注。它们意指基于对生态系统组成、结构和功能的理解，应将人类的经济活动和文化多样性看作重要的生态过程，并融合到一定时空的生态系统经营中，进而恢复或维持生态系统的完整性和可持续性。[①]《生物多样性公约》缔约方大会做出的2000年V/6号决议具有类似国际法的法律地位，其指

① Leslie H. M., McLeod K. L., “Confronting the Challenges of Implementing Marine Ecosystem-based Management”, *Frontiers in Ecology and the Environment*, 2007, 5 (10), 540-548.

出，“生态系统方法是综合管理土地、水域和生物资源，公平促进其保护与可持续利用的战略”。世界环境与发展委员会 1987 年在海洋管理的报告中也指出，“提倡用生态系统的方法对海洋与海岸带进行规划与管理，必须统筹考虑 5 类区域，即流域、海岸带陆地、近岸海域、近海海域和公海”[①]。

应以习近平总书记提出的“山水林田湖草是一个生命共同体”理念为指导，空间综合、系统综合，对多个资源系统信息进行综合分析，在大湾区实施从山顶到海洋、从天上到地下、陆海统筹、陆海并重的基于生态系统的综合管理模式（Integrated Ecosystem-based Management）。

（五）政策工具协同：综合运用协同优化大湾区环境协议、空间规划、生态补偿、环境标准、绿色金融税收等政策工具

环境和自然资源的政策工具有多种分类。“两分法”将其分为：①命令—控制式工具（Command-and-Control），如法律、法规、标准等；②基于市场的工具（Market-based Instruments），如排污收费、补贴、金融、税收、可交易的许可证制度等。“四分法”将其分为：①利用市场类，如税费、补贴；②创建市场类，如产权、可交易许可证、补偿机制；③环境规制类，如标准、禁令、不交易的许可证、限额、分区规划；④公众参与类，如信息公开、加贴标签等。[②] 传统的命令—控制式工具是各国普遍使用的主流政策手段，

---

① Jean-Paul Ducrotoy, Siân Pullen, “Integrated Coastal Zone Management: Commitments and Developments from An International, European, and United Kingdom Perspective”, *Ocean & Coastal Management*, 1999, 1 (42), 1－18.

② 〔瑞〕托马斯·思德纳：《环境与自然资源管理的政策工具》，张蔚文、黄祖辉译，上海三联书店、上海人民出版社，2005，第 101～106 页。

虽然存在成本较高、经济效益较低、持续性不强等不足，但作为经济激励政策的市场化工具，其具有成本较低、效率较高、灵活性较大、长效性等优势，因而日益成为国内外关注的热点。基于政策工具之间的互补性，在具体的制定和执行中，经常是“看得见的手”和“看不见的手”多种手段结合、协同优化。

1. 制定“粤港澳大湾区环境协议”，为大湾区的生态环境保护提供法制保障

世界上跨国家边界的闭海和半闭海环境治理公约有《保护波罗的海区域海洋环境的公约》等；单一主权国家管辖但又跨省州边界的闭海环境治理法案有日本的《濑户内海环境保护特别措施法》、美国的《切萨皮克湾保护法案》（*Chesapeake Bay Preservation Act*）等。大湾区环珠江河口位于我国一国领土主权范围内，但粤、港、澳三地分别拥有不同的立法权和司法权，制定“粤港澳大湾区环境协议”，将为大湾区的生态环境保护提供法制保障。

2. 完善大湾区的空间规划管理制度、产业政策和生态补偿机制

应以粤港澳大湾区的环境承载力为基础，完善基于生态系统的粤港澳大湾区空间规划，构建合理的生产、生活、生态空间，实施精细化分区管理。在产业政策方面，合理确定产业规模，重视对资源环境友好型产业、先进高端产业、高新技术产业的引导发展。建立完善大湾区以及与邻近省份地区的生态补偿机制，明确生态补偿的概念、范围、类型、主体客体、评估标准、补偿方式等，协调区域关系、体现社会公平。

3. 制定大湾区统一的环境标准，适度、分步骤提高各城市的环境标准

目前香港地区、澳门地区与广东省珠三角九市的环境标准在制定主体、监测项目、指标要求等方面不一致，不利于环境风险方面的监测统计、评估预警、沟通交流和防控应急，应适时制定大湾区统一的大气环境标准、水环境标准、土壤环境标准等，形成强有力监管的标准基线。

粤港澳大湾区的人口密度大、产业集聚程度高、资源环境压力大，应适度、分步骤提高粤港澳大湾区各城市的环境标准。大湾区的核心城市（如广州、深圳、珠海、香港地区、澳门地区）可以先行先试，适度提高环境标准，倒逼大湾区核心城市的产业优化升级，实现产业的绿色化、高端化、特色化，同时提升人居环境质量，吸引高端人才。

4. 推广实施绿色行动计划，逐步禁售燃油车、禁用不可降解的塑料制品和塑料微珠

大力推广绿色工业、绿色交通、绿色建筑，推广普及清洁能源，尤其要加大公共交通、公共建筑领域的节能减排力度。实施蓝天、碧水、清洁土壤、美丽海湾、健康海洋等绿色行动计划，推进大湾区绿色可持续发展。

为保护大气环境、海洋环境，全球多个组织或国家呼吁逐步禁售燃油车、禁用塑料制品。目前已有多个国家公布禁售燃油车时间表，荷兰、挪威是 2025 年，德国、印度是 2030 年，英国、法国是 2040 年。法国已经自 2016 年 7 月 1 日起全面禁用厚度小于 50 微米的一次性塑料袋，并将在 2020 年全面禁用塑料杯子、塑料餐具等（可降解制品除外）；美国西雅图市已于 2018 年 7 月 1 日开始禁用塑料吸管及塑料刀叉（可降解制品除外）。塑料微珠也开始被多国禁用，美国国会于 2015 年通过《无微珠水法案》，日本上议院于 2018 年 6 月通过一项减少微珠的法案。为保护大湾区环境，粤港澳可以提前布局，逐步禁售燃油车、禁用不可降解的塑料制品和塑料微珠，起示范带头作用。

5. 重视绿色金融税收的运用，设立“大湾区环境基金”

为推进绿色可持续发展，如何运用金融税收工具来保护资源环境日益得到重视。从上层制度建设来看，需要完善构建包括银行、证券、基金、保险、金融衍生品及其交易等业务在内的绿色信贷、绿色证券、环境基金、环境污染责任保险、排放权交易等绿色金融制度以及环境税收制度。就大湾区来看，目前极具现实性、必要性和可行性的是设立“大湾区环境基金”，支持与大湾区的大气、水、土地、化学品、废弃物、生物多样性、气候变化等有关的环境保护活动。

6. 实施 GEP 与 GDP 双核算，强化政府环境责任考核约束和监督机制

生态系统生产总值（Gross Ecosystem Product，简称 GEP）核算具有引领绿色发展、协调发展的重要意义。建议在大湾区先行先试，探索实施 GEP 与 GDP 双核算，实施自然资源资产核算与管理。充分认识生态系统服务价值，并将其纳入国民经济核算体系、决策支持体系。强化政府及其领导干部的环境责任考核、环境离任审计等约束机制。

五　结论

资源环境承载力是经济社会可持续发展的基本前提，必须强化资源环境承载力的评价、监测和预警机制，并以此作为推动区域可持续发展科学决策的基础。应以“命运共同体”思想为指导，结合各地的人口经济资源环境适当考虑明确“共同但有区别”的责任，实现利益责任的协同。由于行政架构不同、政府主管部门职责分工不同、社会各参与主体之目的与能力不同等因素影响，生态环境保护主体之间的协同性、执行力、约束力会存在不足，应全面构建“左右”“上下”“内外”多元主体协同共管的治理格局。生态环境具有整体性，“山水林田湖草是一个生命共同体”，建立从山顶到海洋、陆海统筹的基于生态系统的综合管理模式是国际趋势。环境政策工具多样、各有优缺点，使用时应注意结合、互补；制定区域性的环境保护协议、法案、公约、标准等法律文件，以提供良好的法制保障；充分发挥金融、税收等市场化工具的灵活性、长效性；结合空间规划、公众参与、信息公开、考核机制等手段协同优化区域生态环境保护机制。

参考文献

[1] Kverndokk, S., *Tradable CO_2 Emission Permits: Initial Distribution as A Justice Problem*, Memorandum 23/1992, Oslo University, Department of Economics.

[2] Jean-Paul Ducrotoy, Siân Pullen, “Integrated Coastal Zone Management: Commitments and Developments from An International, European, and United Kingdom Perspective”, *Ocean & Coastal Management*, 1999, 1 (42).

[3] Leslie H. M., McLeod K. L., “Confronting the Challenges of Implementing Marine Ecosystem-based Management”, *Frontiers in Ecology and the Environment*, 2007, 5 (10).

[4] Shergold Peter, “Connecting Government: Whole of Government Responses to Australia's Priority Challenges”, *Canberra Bulletin of Public Administration*, 2004, 112 (June).

[5] 陈吉宁:《以改善生态环境为新动力　积极打造湾区绿色发展新优势——在湾区城市生态文明大鹏策会上的讲话》,《中国生态文明》2016 年第 2 期。

[6] 侯西勇、刘静、宋洋、李晓炜:《中国大陆海岸线开发利用的生态环境影响与政策建议》,《中国科学院院刊》2016 年第 10 期。

[7] 江璐明、张虹鸥、梁国昭:《环珠江口与环东京湾地区产业发展及环境比

较》，《热带地理》2005 年第 4 期。
[8] 李寿德、黄桐城：《初始排污权分配的一个多目标决策模型》，《中国管理科学》2003 年第 6 期。
[9] 毛仲荣：《美国旧金山湾环境立法的执行体制对我国的启示》，《经济师》2014 年第 12 期。
[10] 牛方曲、封志明、刘慧：《资源环境承载力评价方法回顾与展望》，《资源科学》2018 年第 4 期。
[11] 彭锦鹏：《全观型治理：理论与制度化策略》，（台湾）《政治科学论丛》2005 年第23 期。
[12] 唐永銮：《广东省海岸带和海涂资源综合调查报告》，海洋出版社，1987。
[13] 托马斯·思德纳·《环境与自然资源管理的政策工具》，张蔚文等译，上海人民出版社，2005。
[14] 王勤耕、李宗恺、陈志鹏、程炜：《总量控制区域排污权的初始分配方法》，《中国环境科学》2000 年第 1 期。
[15] 吴丹、黄宁生、匡耀求、朱照宇：《加入质量考量的相对资源承载力研究——以广东珠三角为例》，《江西农业学报》2014 年第 7 期。
[16] 解亚红：《“协同政府”：新公共管理改革的新阶段》，《中国行政管理》2004 年第 5 期。
[17] 姚满林：《命运共同体思想的四个层次》，《学习时报》2017 年 1 月 18 日，第 2 版。
[18] 于效群、于夫：《濑户内海治理经验浅析》，海洋出版社，1987。

Optimization and Construction of Synergetic Mechanism in Regional Ecological Environment Protection

—*A Case Study of Guangdong-Hong Kong-Macao Greater Bay Area*

Gu Xiaodong, Xia Bin

Abstract: Based on the entirety of ecological environment, the mobility of pollutants and the consistency of environmental interests, the synergetic protection of regional ecological environment is significant and urgent. As a case study of Guangdong-Hong Kong-Macao Greater Bay Area, the paper considers that some achievements have been made in the synergetic mechanism of the ecological environment protection, and the mechanism needs further improvement. The synergetic mechanism of ecological environment protection should be based on the regional resource environmental bear capacity. For achieving the synergy between the interests and responsibilities, the economic development level and industrial structure of different regions should be considered, the thought of " the fate community " should be guided, and responsibility of " common but different " should be taken into consideration in combination with the population economy resources and environment of various regions. In order to strengthen the synergy, execution and binding force among the main bodies of ecological environment protection, we should build a comprehensive synergetic governance of pluralism pattern of " left and right", "up and down" and " inside and outside", so as to realize the synergy of the protection subject. By the concept that " mountains, rivers, forests, fields, lakes and greenswards are a life community", we should set up an integrated ecosystem-based management model from mountaintop to ocean, from sky to ground, and land-marine coordination, so as to achieve the synergy of the protection objects. The policy tools of environment are various and have different advantages and disadvantages, various tools should be combined and complemented, so as to achieve synergy of policy tools. In short, it should be based on the regional resource environmental bear capacity, and achieve the synergy of interests and responsibilities, the synergy of protection subjects, the synergy of protection objects, and the synergy of policy tools, namely, " One

Foundation, Four Synergies".

Keywords: Regional Ecological Environment Protection; Synergetic Mechanism; Guangdong-Hong Kong-Macao Greater Bay Area; Synergetic Governance of Pluralism

CEPA《服务贸易协议》负面清单管理模式探析*

陈 恩 杨 娟**

摘 要： 负面清单外资管理模式已成为国际投资规则发展的新趋势。继上海自由贸易试验区后，CEPA 也开始了负面清单管理模式的尝试，并将该模式由广东向内地复制与推广。本文通过对负面清单管理模式由来、特点和理论依据的研究，总结 CEPA《服务贸易协议》负面清单管理模式实践特点与存在的不足，在内地与港澳服务业发展现状和规划，以及美式负面清单管理模式经验基础之上，提出 CEPA《服务贸易协议》负面清单管理模式的优化建议。

关键词： 负面清单 CEPA《服务贸易协议》 市场准入 服务业

---

* 此文为 2017 年度广东决策咨询重大招标研究课题“广东开放型经济新体制研究”（批准号：2017006）阶段性成果。

** 陈恩，暨南大学经纬粤港澳经济研究中心教授，博士生导师，经济学博士，主要研究方向为港澳经济与粤港澳合作、台商投资与两岸经贸关系、区域经济合作与城市产业结构、产业布局等；杨娟，暨南大学经济学院区域经济学博士研究生，主要研究方向为粤港澳服务贸易自由化。

一 引言

“负面清单”（negative listing）又被称为否定清单、否定列表。作为一种外商投资市场准入的管理模式，负面清单列出东道国禁止或者限制外资进入的行业及领域，清单以外的领域则充分开放。其实质是原则的例外，体现“法无禁止即可为”（all is permissible unless prohibited）的法治理念，遵循“除非法律禁止的，否则就是法律允许的”的解释逻辑[1][2]。

从理论上来说，基于正面清单和负面清单的外资管理模式，都能意味着贸易与投资自由化。列于清单上的部门或措施，对正面清单而言是对外资开放的领域，对负面清单来说则是禁止或限制外资进入的领域。由于任何一国列入清单的产业或措施都是有限的，负面清单外资管理模式因此代表了更高层次的投资自由化和透明度。另外，负面清单存在的“棘轮机制”（a ratchet mechanism），即易于向上调整，而难于向下调整，在很大程度上也保证了相关规则的稳定性[3]。正由于负面清单既能够通过限制或禁止的方式使得东道国掌控和监管外资准入，为东道国特定产业和领域提供便利，又能够通过“不禁止便可为”的方式扩大外资开放领域，该管理模式被国际社会广泛采用[4]。根据商务部数据，到2015年全球至少77个国家，以及TPP、TTIP和TISA等区域贸易协定采用了负面清单外资管理模式。总之，负面清单管理模式代表着国际投资规则发展的新趋势。使用负面清单管理模式，既是参与全球贸易投资规则重构的重要举措，也是适应经济全球化新形势和构建开放型经济体制的客观要求。

二 负面清单管理的理论依据

依据福利经济学的观点，完全竞争市场中的均衡是有效率的均衡，是一个帕累托有效配置。如果能够建立一个完全竞争的市场，那么经济运行将达到最优。然而现实总是事与愿违。西方学者们承认，诸如垄断、外部性、公共物品等因素会导致市场不完全或者扭曲（distortion），实现帕累托最优的完全竞争市场是不可能的。在政府干预也无法对市场的不完全或扭曲进行纠正的情况下，如果承认并将这种不完全或扭曲作为约束条件，求解出的最大化就是次于帕累托最优的最大值，这个解是偏离了帕累托最优的次优解。因此，福利经济学次优理论就是寻找约束条件下的最大值。

萨缪尔森曾谈到，“看不见的手”所适用的都是完全竞争的市场经济。在很多情况下市场的竞争都不完全[5]。其中最重要的三种情况是：不完全竞争（如垄断）、外部性（如污染）和公共物品（如国防和灯塔）。在这些情况下，市场失灵会导致生产或消费的低效率，而政府在医治这些“疾病”时往往扮演一个很有用的角色。他还假设一项福利政策，其目标可以用一个社会福利公式表示：$W=F(U_1,U_2,\cdots,U_s)$，个人效用由其消费束决定。如果市场是完全竞争的，那么消费的边际替代率等于生产的边际转换率，即 $MRS=MRT$，最大化目标函数可得到最优解。当最优条件与现实情况存在差距时，“最优条件的子集的一个给定分歧，会使得其余的条件发生改变”。Lipsey 和 Lancaster 对前人观点进行总结，创立了著名的“次优理论”[6]。

次优理论的基本思想大致可概括为：在整个经济系统中，如果存在一个或多个行为者的行为与所需要的行为规则相背离，且"不轨者"（deviants，不按照整体经济所要求的帕累托最优条件行事，从而对整体经济环境造成危害的经济主体）的行为又不能改变时，次优问题就会出现。然而，这些"不轨者"是一个经济体系的组成部分，我们不能将其驱逐出市场，只能将他们的不规则经济行为考虑其中，尽可能减少他们的不规则行为对整个经济的影响。在信息充分的情况下，其他经济主体可以针对"不轨者"的行为做出最好的反应。这样一来，由于"不轨者"的行为，其他经济主体的行为将偏离原来的帕累托最优。可见，次优理论是针对不可改变的外部扭曲条件，承认这些客观存在的扭曲条件，并将这些扭曲视为一个约束条件求最优解。该理论的基本思想还可以通过一个简单的图形来说明，见图 1。

假设经济社会只生产两种产品，即 X_1 和 X_2。社会生产可能性曲线为 *PP*，*U* 为无差异曲线。当社会生产可能性曲线和无差异曲线相切于 *E* 点时，社会达到帕累托最优。假设经济中存在一个约束条件，即 *AB* 直线。在既定约束下，帕累托最优点 *E* 无法实现，

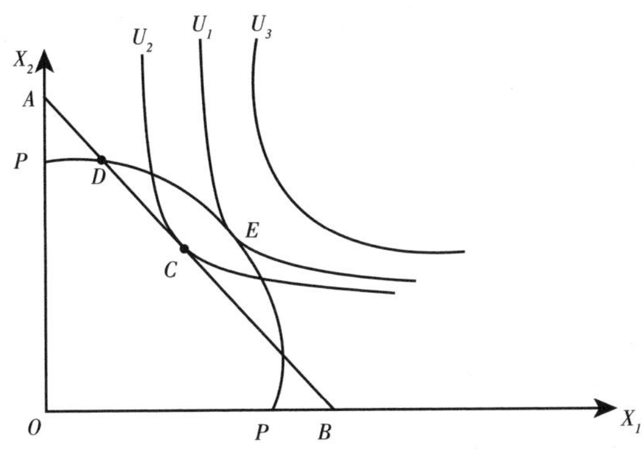

图 1　次优理论的基本思想

此时最优状态应该是无差异曲线与直线 *AB* 的切点 *C*，而该点 *C* 并不在社会生产可能性曲线 *PP* 上。这说明，如果帕累托最优状态下某个条件无法得到满足，那么该条件下的社会最优状态将使得帕累托最优的另一些条件遭到破坏[7]。

次优理论表明，不完全市场或市场扭曲的存在使得实现帕累托最优的条件遭到破坏，要想实现次优状态，其他的厂商都不应再按照完全竞争市场的最优条件行事。在信息充分并且执行成本很小的情况下，可以将扭曲因素加以考虑，从而在扭曲约束条件下求解最大值（即次优解）。然而现实中信息的不充分性，以及经济产品之间替代和互补的复杂性（复杂的约束条件），使得寻找次优条件对应下的次优解无法实现（次优的目标仍不能实现），福利经济学追求社会福利最大化的目标只是一个空想。不可否认的是，次优理论否定了以完全竞争模型作为微观经济政策基础，正视现实经济中的客观约束因素，无疑使福利经济学向前迈进了一步。

该理论的政策含义在于，当经济中出现市场失灵的情况时，政府行政手段的最优选择并不是尽量满足实现帕累托最优状态所要求的条件，而是按照一定的福利目标，在既定约束条件下设计适宜的政策，努力减少和纠正市场失灵所造成的负效应，从而改善效率和福利水平。次优理论创立不久，次优分析方法便被广泛用于包括贸易、税收、农业在内的诸多领域。其中最早将次优理论运用到贸易政策当中的是巴格瓦蒂[8]。在《现代自由贸易》一书中他论述了在存在市场失灵（或扭曲）的条件下，自由贸易不是最好的贸易政策的观点。崔凡认为，“以政策造成的扭曲对抗原先就有的扭曲”是巴格瓦蒂对次优理论的最大补充[9]。依据这一思想，政策制定的对象就是已有的市场扭曲，通过产业政策等对相关领域进行干预，即政策与作为管理对象的原有扭曲是一一对应的。

下面从次优理论和巴格瓦蒂的思想出发，探讨服务业开放过程中负面清单使用的适宜性。与一般商品相比，服务产品最大的特点是无形性。无形性决定了服务的所有权不会随生产和消费而发生转移，这种所有权的不可转让性造就了服务具有公共物品的潜质，如教育、科学研究、环境保护、健康卫生等服务便具有公共物品性质。于服务消费者而言，消费公共物品的社会边际成本小于个人边际成本，因为公共物品是外部经济的；但对服务生产者来说，提供公共物品所获得的个人收益小于社会收益，这种外部不经济效应会促使厂商放弃生产，导致公共物品供给不足，出现市场失灵的现象。一些服务行业如金融、电信、交通等服务的提供涉及高额的原始投资、高技术的知识保障等沉淀成本和规模经济，尽管这些条件原则上不是一种经济壁垒，但客观上对其他竞争者进入该服务行业构成阻碍，从而形成该行业或部门的自然垄断。服务产品的无形性与异质性造成服务生产者与消费者信息不对称，也容易形成服务市场的不完全竞争。

由此可见，服务产品的垄断性、外部性和公共物品属性等，致使服务市场存在不完全竞争或者扭曲，次优问题出现。基于此，政府应针对出现扭曲和不完全的领域，采用负面清单对之进行管理，通过审核、限制外资比例，控制或者禁止外资进入等特殊监管措施，修正该领域存在的扭曲。从国际经验看，在 TPP、TISA、韩美 FTA、日本—秘鲁 EPA 等区域贸易协定中，跨境服务贸易的开放措施都以负面清单形式出现。

三 美式负面清单管理模式主要特点

自 20 世纪 80 年代开始，美国就将负面清单外资管理模式大量运用于双边或区域贸易投资协定。1982 年专门制定了双边投资协定范本（Bilateral Investment Treaty，BIT），在范本中将例外行业以附件的形式列举出来，形成负面清单。1994 年、2004 年和 2012 年，美国分别对其进行了修改。目前的 2012BIT 是美国政府提出的用来进行双边投资协定谈判的最新基准，也可以作为当前最高标准的国际投资的负面清单模范。在美国目前已生效的 20 个 FTA 协议和 42 个 BIT 协议中，均设有作为负面清单的专门附件[10]。从总体上看，美式负面清单的特点有以下几个。

（一）内容清晰、结构完整

美式负面清单一般由三个附件组成。即针对现有不符措施的第一类负面清单（附件一）、针对未来不符措施的第二类负面清单（附件二）和单独列出的金融服务不符措施（附件三）。附件三在性质上与附件一相同，由于美国金融服务贸易具有很强的国际竞争力，因此对金融服务做单独的规定，以追求更高标准的自由化。附件一与附件三在内容上很完备，包括涉及行业或部门、涉及义务、政府层级、不符措施的法律依据和对不符措施的具体描述。“棘轮机制”在很大程度上保证了相关规则的稳定性。附件二则相对简单，主要有涉及行业或部门、涉及的义务和对不符措施的描述[11]。允许维持现有不符措施，并“保留采取或维持任何措施的权利”，其实质是对附件一现行措施的有效补充，该做法给缔约国保留了很大的自主权。

表1 美国—乌拉圭 BIT 和美国—韩国 FTA 不符措施统计

单位：条

基本要素	附件一		附件二		附件三	
	美国—乌拉圭 BIT	美国—韩国 FIA	美国—乌拉圭 BIT	美国—韩国 FIA	美国—乌拉圭 BIT	美国—韩国 FIA
涉及中央	8	11	—	—	13	16
涉及地方	1	1	—	—	1	3
涉及国民待遇	9	12	4	3	10	11
总数	9	12	6	5	14	18

资料来源：李墨丝：《从中美 BIT 谈判看自由贸易试验区负面清单管理制度的完善》，《国际贸易问题》2015 年第 11 期。

（二）涉及原则形式多样，措施灵活

美式负面清单涉及原则与义务主要包括国民待遇、最惠国待遇、高管与董事会成员要求、业绩要求、当地存在、市场准入、跨境服务。尽管不符措施涉及义务不多，但设计上形式多样，并且措施灵活。以美国—韩国 FTA 附件三为例，涉及金融业的不符措施仅有五项，但种类多达七种，分别为绝对禁止、比例限制、区域限制、岗位限制、市场准入、政府优惠和其他特殊规定。其中比例限制出现频率最高，包括对外国人持股比例、外籍高管比例、外籍员工比例的限制[10]。

（三）不符措施均列明对应法律条款

美国并没有出台单独的外资投资法，对外商投资的限制条款散见于各行业法律法规中，也就是说国内法律法规是负面清单制定的基础。通过签署 FTA 和 BIT，美国以负面清单的形式将这些分散的法律法规整理出来，包括法律名称、具体条款、生效时间等。例如

美国将原子能行业列入负面清单的法律基础是 1954 年颁布的《原子能法》，韩国限制外资进入运输、广播领域的措施是基于《航空法》、《广播法》和《客运服务法案》[12]。

（四）对透明度要求不断提高

美国签订的 BIT 和 FTA 中，均有专门的透明度条款出现。2012 年 4 月美国 2012BIT 范本正式公布，进一步提高了透明度标准，成为当前国际投资协定中透明度要求最高的代表。负面清单作为 BIT 和 FTA 的附件，在透明度方面需要与之相匹配。除了要对现有负面清单内容、有关投资的法律法规等信息进行披露外，在修改、变更不符措施或采取新的不符措施时，缔约方也有义务在生效前通知或者尽可能快地通知对方。另加设咨询点提供有关信息，便于各方加以了解。还新增公众参与标准制定的规定，即允许投资方的人参与被投资方技术法规、标准的制定过程，在参与条件上给予其国民待遇。

四　CEPA《服务贸易协议》负面清单管理模式特点与存在问题

为进一步推动内地与香港服务贸易自由化，2015 年内地与香港（澳门）在《内地与香港（澳门）关于建立更紧密经贸关系的安排》（CEPA）及其补充协议，即《〈内地与香港（澳门）关于建立更紧密经贸关系的安排〉关于内地在广东与香港（澳门）基本实现服务贸易自由化的协议》（简称 CEPA《广东协议》），已经签订并实施的基础之上，达成了《〈内地与香港（澳门）关于建立更紧密经贸关系的安排〉服务贸易协议》（简称 CEPA《服务贸易协议》)。该协议服务贸易商业存在模式保留的限制性措施以负面清单的形式出现。这是继上海自由贸易试验区后，负面清单管理措施在中国的又一次实践。

(一) CEPA《服务贸易协议》负面清单管理模式特点

1. 目前我国开放力度最大的负面清单

如表 2 所示，从我国现已实施的自贸试验区负面清单不符措施数量来看，上海自贸试验区负面清单第一版、第二版和第三版分别为 190 条、139 条和 122 条。CEPA《广东协议》为 129 条，CEPA《服务贸易协议》为 117 条。另外，利用商务部服务贸易开放度指数法和 Hoeckman 的频度指数法，将 CEPA 各阶段服务贸易开放程度量化，所得出的结果显示 CEPA《服务贸易协议》的自由化程度不低于 CEPA 及其补充协议、CEPA《广东协议》(见表 3)。从理论上看，负面清单不符措施越少，准入门槛越低，自由化程度越高。因此从某种意义上说，CEPA《服务贸易协议》是迄今为止我国市场开放力度最大的负面清单。

表 2　我国负面清单颁布时间和不符措施数量

单位：条

负面清单名称	颁布时间	不符措施数量
上海自贸试验区负面清单第一版	2013 年 10 月	190
上海自贸试验区负面清单第二版	2014 年 6 月	139
上海自贸试验区负面清单第三版	2015 年 4 月	122
CEPA《广东协议》	2014 年 12 月	129
CEPA《服务贸易协议》	2015 年 11 月	117

资料来源：笔者根据相关资料整理而得。

表 3 CEPA 不同协议自由化程度对比

单位：个，%

协议名称	禁止部门	限制部门	无限制部门	总部门	商务部法	Hoeckman 法
CEPA 及其补充协议	11	—	—	160	93.1	65.6[13]
CEPA《广东协议》	3	73	55	131	97.7	71.5
CEPA《服务贸易协议》	3	69	59	131	97.7	79.9

注：①上海自贸试验区负面清单采用《国民经济行业分类与代码》（GB/T4754－2011）分类，故无法利用此法进行计算。

②Hoeckman 的频度指数法首先对自由贸易协定中服务的开放程度进行评分，“完全开放”记 1 分、“部分开放”记 0.5 分、“完全禁止”记 0 分，然后将所有评分加总除以总服务部门数，由此得到开放度的频度指标。

③商务部服务贸易开放度指数法用已开放服务部门总数占总服务部门数的比例来衡量服务贸易开放度。

2. 主要面向港澳地区，集中于服务业与服务贸易

CEPA《服务贸易协议》目的在于进一步加快内地与香港（澳门）服务贸易自由化进程，在开放内容上具体表现为当前内地服务业市场对香港（澳门）服务产品、服务提供者的进一步全方位开放，以及对香港（澳门）服务提供者资格的认定。这也就决定了 CEPA《服务贸易协议》是一项主要面向港澳地区、单方面开放的机制，充分体现“一国两制”的典型特征。同时，尽管 CEPA 是一项覆盖货物贸易、服务贸易和投资便利化的协议，但负面清单管理仅限于内地与港澳服务贸易领域，这样强的针对性和指向性在国内使用的负面清单当中是特有的。

3. 提高了限制措施的透明度

与 CEPA《广东协议》相比，CEPA《服务贸易协议》不符措施在措辞上更加明确、清晰地界定了禁止市场准入的范围，强调法律干预的边界。例如，CEPA《广东协议》中关于批发销售服务的规定“从事粮食收购以及粮食、棉花、植物油、食糖、农作物种子的批发

销售服务除外”，在CEPA《服务贸易协议》中改成“不得从事粮食收购以及粮食、棉花、植物油、食糖、农作物种子的批发销售服务”；CEPA《广东协议》中关于技术测试和分析服务的规定“设立的独资公司仅可为在香港注册的船舶提供船舶检验服务”，在CEPA《服务贸易协议》中改为“不得为内地籍船舶提供船舶检验服务”。

4. 扩大了备案制范围

在CEPA《服务贸易协议》中，内地同意香港（澳门）服务提供者在开放的服务贸易领域内，将公司设立及变更的合同、章程审批改为备案管理，即由审批制改为备案制。也就是说，香港和澳门服务投资者进入的领域属于负面清单以外的，政府只需要对投资主体的资格与条件、投资领域等基本信息进行备案，投资者就可获得法人资格并在内地进行投资活动。该做法能够简化投资的手续，降低投资准入门槛，提高政府办事效率，大大缩短港、澳资进入内地市场的时间周期，降低时间成本。

5. 降低服务贸易的市场准入门槛

以分销服务为例，按照以前的CEPA协议规定，香港服务提供者申请在内地设立独资、合资或合作批发商业企业，应具备的条件是：香港服务提供者申请前三年的年均销售额与注册资本分别不低于3000万美元和5000万元人民币，其中在中西部地区设立批发商企业的应分别不低于2000万美元和3000万元人民币。香港服务提供者申请在内地设立独资、合资或合作外贸公司应具备的条件是：香港服务提供者申请前三年的年均对内地贸易额不低于1000万美元，注册资本最低限额为2000万元人民币；其中在中西部地区设立外贸公司的应分别不低于500万美元和1000万元人民币。CEPA《服务贸易协议》则明确取消了上述限制和规定，这实际上是比照内地投资者进一步全面开放了市场，大幅降低了港澳投资者进入内地市场的门槛限制。

（二）CEPA《服务贸易协议》负面清单透明度管理存在的不足

与 CEPA 其他文件相比，CEPA《服务贸易协议》服务贸易商业存在负面清单管理模式的应用，推动了两地服务贸易自由化进程。但该管理模式在我国出现时间短，与发达国家相比，不免存在一些不足与问题。

1. 架构不够完善

CEPA《服务贸易协议》由一个正文和三个附件组成。附件一列明内地向香港（澳门）开放服务贸易的具体承诺，附件二为香港（澳门）向内地开放服务贸易的具体承诺，附件三是关于“服务提供者”的定义及相关规定。其中的附件二暂为空白。附件一不符措施仅限于对现有措施的列举，而对未来没有预留空间。与美国三个附件相互补充、共同组成不符措施的负面清单架构相比，CEPA《服务贸易协议》架构还不够完善（见表 4）。

表 4　CEPA《服务贸易协议》与美国 BIT 负面清单形式对比

架构	CEPA《服务贸易协议》	美国 BIT
附件一	内地对港澳开放服务贸易的具体承诺	对现有不符措施的描述
附件二	港澳对内地开放服务贸易的具体承诺（暂无）	对未来不符措施的描述
附件三	关于“服务提供者”的定义及相关规定	对金融部门不符措施的描述

资料来源：笔者根据相关资料整理而得。

2. 形式、内容不符合国际标准

CEPA《服务贸易协议》负面清单由四个部分构成：部门（及代码）、分部门（及代码）、所涉及的义务和保留的限制性措施（见表5）。近年来，美国FTA和BIT大多数负面清单仅列出涉及部门，不再列出分部门及其相应代码。另外，从负面清单不符措施内容来看，CEPA《服务贸易协议》缺乏政府层级与法律依据。政府层级对应限制措施具体管理部门和发生效力范围，还关系到该政府部门的信息公开与透明化。法律依据则是负面清单发生效力的依据。这两个要件的缺失在很大程度上影响CEPA《服务贸易协议》的可行性与可靠性。

表5 CEPA《服务贸易协议》与美国BIT负面清单形式对比

要素	CEPA《服务贸易协议》	美国BIT
不符措施涉及部门	部门、分部门及其代码	部门
不符措施涉及义务	国民待遇	国民待遇、最惠国待遇、业绩要求等
政府层级	无	中央(联邦)政府或地方政府
法律依据	无	相关法律法规与明文规定
不符措施内容	限制性措施具体描述	限制性措施具体描述

资料来源：笔者根据相关资料整理而得。

3. 不符措施数量较多

如表6所示，CEPA《服务贸易协议》负面清单不符措施涉及部门131个，共计117条。其中商务服务34条，运输服务30条，金融服务29条。而在美国—乌拉圭的BIT中，负面清单不符措施总共为29条，美国—韩国的FTA中，负面清单不符措施总共为35条，均不超过40条。并且美国负面清单禁止外资进入的行业仅限于核能、航空运输等为数不多的部门。

表6　CEPA《服务贸易协议》负面清单不符措施分布

单位：个，条

部门名称	涉及部门	无限制部门	不符措施数	措施部门覆盖率
商务服务	43	24	34	0.79
通信服务	2	0	1	0.50
建筑和相关的工程服务	5	4	3	0.60
分销服务	5	2	6	1.20
教育服务	5	0	8	1.60
环境服务	7	7	0	0.00
金融服务	17	1	29	1.70
与健康相关的服务和社会服务	3	0	3	1.00
旅游和与旅游相关的服务	4	3	1	0.25
娱乐、文化和体育服务	1	1	0	0.00
运输服务	35	17	30	0.86
其他没有包括的服务	4	0	2	0.50
总计	131	59	117	—

注：措施部门覆盖率为不符措施数与涉及部门数的比值，以此反映该部门涉及不符措施的程度。
资料来源：根据相关资料整理而得。

4. 措施内容缺乏针对性和操作性

香港与澳门是同属于中国的两个独立关区和特别行政区，在地理位置、经济结构等方面具有一定相似之处，但香港服务业的竞争优势在金融、物流、旅游和商贸领域，澳门则以博彩旅游业为主导。在服务业未来发展方向上，香港倾向于发展教育、医疗、环保、科技、文化创意等产业，澳门则重点发展会展业和文化创意产业。CEPA《服务贸易协议》对香港和澳门的负面清单在措施数量、涉及部门、措施内容、涉及原则上基本一致，没有体现港澳两地各自服务业发展特点与未来规划。

5. 透明度较低

CEPA《服务贸易协议》不符措施除了没有法律法规援引外，

还对不符措施描述不清。如分销服务的保留限制性措施“设立、经营免税商店应符合内地有关规定”；金融服务中“香港服务提供者投资入股内地大型商业银行、股份制商业银行、城市商业银行须经批准”。这里的“内地有关规定”“经批准”都没有具体指向，缺乏透明度，降低了负面清单具体实施效果。同时，CEPA《服务贸易协议》没有专门的透明度条款，没有对负面清单的制定、修改和执行，以及信息公开义务、公众参与、保障措施等做出规定，在很大程度上降低了负面清单的透明度。

6. 可预期性较低

为推进内地与港澳服务贸易自由化，CEPA 先后推出《广东协议》和《服务贸易协议》，间隔时间不足一年。从总体对比来看，CEPA《服务贸易协议》比 CEPA《广东协议》限制性措施数量有所减少，限制程度略有下降，但仍有少数部门增加了限制性措施，包括市场调研和公共民意测验部门、与工程相关的科学和技术咨询部门、与运输服务相关的海运部门、内水运输的支持部门、航空客运部门等。限制措施的增加，有违负面清单“棘轮机制”。清单的频繁修改，也将会给港澳投资者造成预期上的不确定性，影响扩大市场开放。另外，CEPA《服务贸易协议》对未来新措施预留空间的缺失，也将进一步增加投资者预期的不确定性。

7. 配套体制尚未完善

以美国为代表的发达国家，以及印度尼西亚等发展中国家，都非常重视与投资相关的审查、监管、咨询、仲裁等环节的完善。美国外国投资委员会（CFIUS）尽管不直接参与负面清单的管理与实施，但有权对每一项外国投资进行审查，成为外资准入限制的“防火墙”[14]。但 CEPA 对港澳投资者在资格审查、风险评估、权威咨询、投资行为监管、救济程序等方面的制度建设，尚未起步。这些配套体制的不完善将给负面清单管理制度的实施带来不利影响。

五 CEPA《服务贸易协议》负面清单管理模式优化思路

（一）完善负面清单架构

首先，应尽快补充CEPA《服务贸易协议》负面清单不符措施对应的法律引援和政府层级。理顺负面清单与现有法律法规的关系，促进负面清单与各法律法规、《外商投资产业指导目录》的衔接，确保负面清单每一条不符措施都有明确的法律法规来源，包括法律法规的具体名称、颁布版本（时间）和具体条款，以降低负面清单的表达模糊性，提高可靠性和可行性。同时，还应明确不符措施对应的政府层级，明确不符措施发生效力的范围与界限。

其次，建议引入“兜底条款”。服务业领域部门繁多，随着技术发展，新部门、新业态层出不穷。如果想避免新出现部门游离于政府保护之外，那么“兜底条款”的应用就很有必要。目前，美式负面清单和上海自贸试验区负面清单第三版，都使用了“兜底条款”。建议在CEPA《服务贸易协议》负面清单中采用“等”“这一类”“同种类解释”等兜底条款的表述方式，以及添加“内地保留对未出现部门制定不符措施的权利”条款，给未来不符措施的制定留下空间。

（二）缩短负面清单长度

金融领域是内地与港澳重点合作领域。从目前负面清单不符措施部门分布情况看，金融服务措施数共 29 条，仅次于商务服务和运输服务。但措施部门覆盖率为 1.7，位列第一。自 2013 年以来，内地对港保险服务贸易由顺差转为逆差，并且逆差规模持续扩大。建议负面清单在减少对香港保险服务企业市场准入限制措施数量的同时，逐步放宽对其总资产、业务收入的要求，并适当提高其持股比例。考虑到内地银行业竞争力较弱的情况，建议在广东范围内，尤其是广东自贸试验区内建设南沙、前海金融合作示范区，制定专门的金融“短清单”，进一步降低金融领域市场准入门槛，吸引香港中小银行入驻。

香港法律、会计、审计、建筑等领域完善的专业服务契合了内地尤其是广东的生产性服务需求。建议尽快降低与制造业密切相关的香港生产性服务企业在内地的市场准入门槛，包括适度扩大与增加已获准在内地执业的香港居民所从事的法律服务的业务范围与合作形式；取消对在内地会计师事务所担任合伙人的港澳会计专业人士在内地有固定住所、居留时间和工作时间规定；取消对香港专业及技术人员在内地的居留期限的规定等。

（三）提高负面清单透明度

《内地与香港 CEPA 服务贸易协议》负面清单及其相关法律法规的修订过程、结果，都遵行公开化原则。在负面清单修订和相关政策出台以前，就修订和调整的目的和理由向公众进行说明；在清单和法律修订与制定过程中，充分听取市场主体——投资者和投资企业的意见，邀请专家学者进行论证，深入讨论、达成共识，再形成最终文本；修订和调整后的负面清单、法律法规，应公布于各级相关政府及香港、澳门官方网站、官方报刊，全国和当地知名网站、报刊显著位置。在正式生效前应设置 30 天以上过渡期、试行期，在此期间内密切关注实行情况，接受投资者意见反馈。另外，还可以借鉴国际投资条约中出现的一种新制度，设立专门的联络点（contract points），当成员方对条约有解释要求时，联络点有提供正式解释或帮助的义务[15]。广东自贸试验区可成立专门的自贸区管委会作为联络点，向各企业和投资者提供负面清单权威咨询服务，加强与企业的沟通与联系。

（四）凸显港澳服务业特色与发展规划

为助力澳门经济长远发展，“十一五”规划和“十三五”规划明确以“适度多元化”作为未来澳门的经济发展定位，并将旅游、会展、文化等产业作为重点发展领域。建议通过 CEPA《服务贸易协议》负面清单，除了加强内地与香港的金融合作外，还应加强内地与澳门在旅游、会展方面的合作。具体包括取消或者放宽负面清单“独资设立旅行社试点经营内地居民前往香港及澳门以外目的地（不含台湾）的团队出境游业务限于 5 家”的规定；扩大内地居民个人赴澳门旅游城市范围；允许澳门居民参加内地导游人员资格考试，扩大澳门服务提供者以自然人流动方式在内地提供服务的范围和种类；等等。增加澳门会议服务、展览服务、跨境服务提供模式的开放措施，并将文化创意产业服务商业存在模式纳入负面清单管理。

同时，考虑到内地、香港和澳门同根同祖，有着相似的文化背景和一致的根本利益，建议将文化服务当中的文娱服务、视听服务，尤其是电影院服务、华语影片及合拍影片、合拍电视剧等纳入负面清单，在合作形式、股权比例、经营范围等方面进行限制，并明确其所对应的法律法规条件、管辖政府层级，以此加强内地与港澳在文化领域的发展。

（五）完善负面清单管理模式配套机制

国际投资负面清单管理模式的实质在于通过负面清单建立一套对外国投资公开和透明的管理程序，负面清单只是该管理模式下的一份不符措施列表，更为重要的是清单所依托的管理机制和相应配套措施。2015 年广东自贸试验区建立，并担负起“先行先试”和制度创新的重任。建议在广东自贸试验区内，尝试建立和完善负面清单管理模式配套机制。制定政府责任清单和权利清单划定政府权限，区分政府“管理”和“服务”功能，提高政府主动服务意识和服务能力。继续完善和扩大自贸区外商投资事前行政审批制度，及时公布备案所需信息。借鉴上海自贸试验区“一口受理”的做法，提高审批效率[16]。还可以参考美国“行业专门机构 + 外国投资委员会”的做法，建立国家安全审查制度，对外资进行事前风险评估。通过信息化建设，健全自贸区内跨行业、跨部门、跨市场的企业信用体系，实现政府对企业投资的事中事后监管。

参考文献

[1] 龚柏华：《“法无禁止即可为”的法理与上海自贸区“负面清单”模式》，《东方法学》2013 年第 6 期。

[2] 王利明：《负面清单管理模式与私法自治》，《中国法学》2014 年第 5 期。

[3] 周念利：《区域服务贸易自由化分析与评估》，对外经济贸易大学出版社，2013。

[4] 王克玉:《“负面清单”模式下司法对外国公司的审视与评判——基于“自贸区”外国投资主体的维度》,《暨南学报》(哲学社会科学版)2014 年第 5 期。
[5] 保罗·萨缪尔森:《经济学》(第十九版),商务印书馆,2012。
[6] Lipsey, R. G., Lancaster, K., “The General Theory of Second Best”, *The Review of Economic Studies*, Vol. 24, No. 1, 1956.
[7] 高鸿业:《研究生用西方经济学(微观部分)》,经济科学出版社,2000。
[8] 巴格瓦蒂:《现代自由贸易》,中信出版社,2003。
[9] 崔凡:《负面清单的行业选择及动态调整》,《开放导报》2015 年第 2 期。
[10] 高维和:《美国 FTA、BIT 中的外资准入负面清单:细则与启示》,《外国经济与管理》2015 年第 3 期。
[11] 聂平香、戴丽华:《美国负面清单管理模式探析及对我国的借鉴》,《国际贸易》2014 年第 4 期。
[12] 黄建忠等:《中国自由贸易试验区研究蓝皮书(2016)》,经济科学出版社,2017。
[13] 张光南等:《粤港澳服务贸易自由化:“负面清单”管理模式》,中国社会科学出版社,2014。
[14] 陆建明等:《美国双边投资协议与自由贸易协议负面清单的关联性与差异性分析》,《国际商务研究》2017 年第 2 期。
[15] 刘彦谡:《刍议中国(上海)自贸区负面清单的透明度问题》,《上海金融学院学报》2016 年第 1 期。
[16] 唐建飞:《中国(上海)自贸区政府管理模式的创新及法治对策》,《国际贸易》2014 年第 4 期。

The Analysis of Negative List Management Mode of CEPA Service Trade Agreement

Chen En, *Yang Juan*

Abstract: Negative list of foreign capital management mode has become a new trend of international investment rules. Following the Shanghai pilot free trade zone, CEPA began the explore of negative list management mode of foreign investment, and promoted this mode from

Guangdong province to the mainland. Through the study of the origin, characteristics and theoretical basis of negative list management model, this paper summarizes the practical characteristics and shortcomings of the negative list management model of CEPA service trade agreement. On the basis of the present situation of the service industry of the mainland, Hong Kong and Macao, and the experience of the American negative list management model, put forward the optimization proposal of CEPA service trade agreement.

Keywords: Negative List; *CEPA Service Trade Agreement*; Market access; Service Industry

港澳社会

留港工作内地人士流动中的社会网络建构*

陈佩儿　黄晓星**

摘　要：本文通过分析留港工作内地人士流动过程中在流出地（内地城市）和流入地（香港）社会网络的发展变化，详细呈现了其在流动中构建社会网络的整个动态过程。研究发现，来港初期，留港工作内地人士依靠同辈、亲人和自我建构的社会网络远距离地建立起在港的社会网络；但随着留港工作内地人士工作圈与生活圈出现断裂，没有共同经历的业缘关系难以建立，原有共同经历的地缘关系也因流动而难以坚守，最后反倒越发依赖稳定的家庭关系。在后期流动的过程中，留港工作内地人士的社会网络逐渐呈现一个松散且萎缩的状态。无论是流动资本还是社会网络都难以在留港工作内地人士的流动过程中完成积累和扩张。

关键词：留港工作内地人士　流动　社会网络

* 本文为教育部人文社会科学重点研究基地项目“港澳本土意识与青少年的国家认同”（16JJDGAT004）成果。

** 陈佩儿，香港岭南大学社会学与社会政策系；黄晓星，中山大学城市社会研究中心、社会学与人类学学院。

一 研究背景

1999 年，香港特区政府放宽了非本地学生来港就读的入境政策，允许内地生来港就读全日制学士学位课程；2001 年，香港特区政府颁布了《在本地院校取得学士学位或以上程度的内地学生来港就业安排》；2008 年更是进一步推出《非本地毕业生留港/回港就业安排》，允许内地来港毕业生即使在没有获得工作的情况下仍可留港 12 个月。随着种种逗留条件限制的放宽，越来越多的内地人士选择来港就读及工作。根据香港入境处数据统计，在政策推出 10 年间，累计超过 16 万内地人士到香港读书及工作。单单 2017 年一年间，香港向内地人发出签证便有学生 1.89 万个、“输入内地人才计划” 1.39 万个、“非本地毕业生留港/回港就业安排” 9289 个，保守估计每年起码有 4 万内地人来港居住[①]。在港府放宽来港就读和工作限制的政策背景下，这一漂至香港的内地年轻群体，被冠以“港漂”之名[②]。

随着“港漂”规模不断扩大，碍于文化和制度差异等因素，“港漂”群体社交圈子较窄（主要同为内地人）、难以融入香港本地主流等论述也逐渐引起了社会大众的关注。这一“社交圈子太窄，且本地朋友不多”的问题甚至成为港漂内地人在港发展的弱点（黎黄霭玲等，2014）。

在目前大众和媒体传播中，“港漂”时常以一个集体性名词出

① 资料来源：香港入境处（2017），数据资料，https://www.immd.gov.hk/hks/facts/naturalisation-nationality.html。

② 2010 年《明报周刊》的封面主题故事《80 后港漂》，首次将近 10 年间在港府放宽就读和工作政策下来港读书和工作的内地年轻群体称为“港漂”。

现，但其实所谓的“港漂”，很难被简单化为一个整体来看待。就现时来港就读和工作政策下的“港漂”而言，就可被简单划分成通过学生签证来港修读学士或硕士学位课程的学生群体；后续在“在本地毕业生留港/回港就业安排”政策下选择留港就业的内地人士；通过工作签证来港就业的内地人士；等等。因其异质性，笔者认为“港漂”应该被看作一个有待拆解的社会建构群体，但碍于各种原因，学术上仍缺少对该群体的解构性讨论（这亦非本研究关注重点，不便多加论述）。因此，需要说明的是，本研究对象——留港工作内地人士，特指通过学生签证来港修读硕士学位课程后，选择留港工作且居港未满7年的内地人士。笔者之所以这么做，是基于这样的理由：首先，硕士学位课程（分为授课型和学术型）时间一般较短，多为一年至两年，且修读该课程的学生多为内地学生，在流动前期较易形成一个稳定的在港内地学生圈。其次，课程结束后，内地毕业生可能会选择到海外或回内地升学/就业，这意味着选择留港工作的内地毕业生的关系链会产生相应的变化。再次，现时留港未足7年的内地人士[①]，更符合“漂泊”的定义，体现出较高的流动性。显然，在整个流动过程中，随着职业身份的转变，该群体的社会网络亦将呈现出一个更为多样的动态变化。

以下一段记录摘自对受访者Huang的访谈记录，她的回答说明了在流动过程中“漂”的感受和对在港与内地两地社交圈子的看法：

家人朋友在内地，自己在这边工作，就不是整个生活都在

① 根据香港《入境条例》，通常居住于香港连续7年或以上的中国公民将享有香港特别行政区（香港特区）居留权，获得永久性居民身份证。

香港，而是处于一个 shuttle（穿梭）的状态，就是会有一点漂泊的意味……在香港你就一个人了，除了工作回到家里也是一个人，你没有什么其他依靠吧……然后回到家（内地），你有很多这种团聚的时光，所以我觉得那个是比较真实的生活状态吧……（Huang，26 岁，助理研究主任）

留港工作的内地人士，多数情况下是独自在港工作，熟悉的家人和朋友在内地，他们经常回内地享受团聚的时光，因而逐渐形成了香港—内地两地不断往返的局面。所谓的“漂”正是留港工作内地人士所呈现出的于两地间不停流动的状态。在这一流动的过程中，一方面，原有的依附于内地这一地理位置的社交圈（如家人、亲戚、朋友）并没有随之进行移动；另一方面，在新的流入地香港中除去工作圈外亦难以形成新的社交圈，导致了因流动而带来的社交圈的断裂。换句话说，留港工作内地人士的社会网络不但没有因为在两地的来回走动而扩大，反倒出现了明显的区隔。

那么问题来了，在这一流动的过程中，留港工作内地人士的社会网络是如何发生变化的呢？两地之间的社会网络是否真的无法进行连接与共享？为了更好地把握该群体在流动过程中社会网络的动态变化，笔者在 2018 年对 9 位来自内地不同城市的留港工作人士进行深度访谈（访谈者的基本情况如表 1 所示），了解其来港动机、留港生活及未来流动去向等，分析在不同时期其社会网络的发展变化，即将该群体的社会网络作为调查研究的主要内容。因此，本文研究的问题是：留港工作内地人士在流动过程中如何建构并维持其社会网络？同时，建构或维持的社会网络如何影响下一阶段其社会网络的变化？

表1 港漂受访者的基本信息

受访者	年龄	性别	职业	教育程度	在港逗留时长(年)
Huang	26	女	助理研究主任	硕士	4
Yu	27	男	银行程序员	硕士	4
Frank	28	男	研究助理	硕士	2
Jiawei	27	女	社工	硕士	4
Pan	29	男	研究助理	博士在读	5
Wang	29	女	采购经理	硕士	5
Wenbo	27	女	幼教	硕士	4
Yewen	28	女	中学教师	硕士	6
Xiao	25	男	财富管理员	硕士	4

二 文献回顾与分析框架

社会网络是指人与人、人与群体、群体和群体间的关系（王春光，2000），在流动过程中，则指流动者通过亲属、同乡或朋友等关系与流出地居民和流入地居民所建立的人际关系的总和（Massey et al.，1993）。大部分研究表明，社会网络对国际国内流动者的流动和社会融合起着关键作用（Lubbers，et al.，2007；Meng，2000；悦中山等，2011；张文宏，2011）。特别是当流入地与流出地的社会、经济和文化环境差异很大或流入地社会对流动者极不友善时，建立强有力的社会网络可大大降低其流动成本和风险（Zhao，2003）。

华人社会是一个“家庭本位”的社会（李银河，1995），相较于在职场上建立的业缘关系，以家庭为纽带的亲缘和地缘关系的差序格局，使得中国流动群体更依赖于既有的强关系行动。诚然，在现有针对中国无论境内流动（如农民工的流动）还是境外流动

（如“巴黎温州人”）的研究中，都可以发现，族人和同辈等构成的社会网络在他/她们的流动过程中起着主导作用，为其流动、非法存在、就业和情感沟通等活动提供了支持，更使其摆脱了原有经济、社会、文化结构等限制（李培林，1996；王春光，2000）。所以说，目前大部分有关流动群体的研究倾向于表达，以地缘和血缘关系为基础的社会网络为流动群体提供了流动的动力和生存保障，使流动群体在抵达流入地后，借助原初级社会网络，建构以工具理性为取向的初级关系和次级关系社会网络（曹子玮，2003），以适应当地社会和环境的变化，并最终使其社会网络的地域覆盖面得到极大的拓宽。

但不能忽视的是该群体所呈现出的群体属性。可以发现，首先，上述研究中的群体具有明确的流动目的，即主要是摆脱其在原生地社会经济地位上的落后，企图在流入地找到相对高薪的工作，以改变个人及其原生家庭的生活状态（寄钱回老家）（郭云南、姚洋，2013）。其次，他/她们还普遍面临着制度性的歧视和社会污名化的困境，如非法流动的巴黎温州人，正是由于社会制度并不完善或他们从制度中无法获得帮助，依靠和构建社会网络才成为其生存和发展技巧（吴惠芳、饶静，2010）。同时，建立非乡土的社会网络也有利于他/她们提高对迁入地生活的满意度，更好地融入当地（齐心，2007）。

在这里，我们不禁要思考，上述借助社会网络进行流动的模式是否适合用来分析留港工作内地人士的流动轨迹及其社会网络建构呢？与大部分被研究的农民工或跨国移民者的群体属性不同的是，首先，留港工作内地人士是在香港特区政府政策下通过学生签证合法进入香港的居民，享有作为香港居民的权利；其次，该群体属于“带资”进港，在申请签证时，就已经提供了符合要求的财产证明；再者，他/她们选择来港读书时，较多出于“离家近”、“教育比内地国际化”和“课程时间短”等原因，且并没有制订后续留港的计划。所以说，本身留港工作内地人士对异地的流动动机具有强烈的不确定性以及随机性，且因其自身社会经济条件较为优越，社会网络对其流动的驱动或支持力度远低于上述群体。

流动性迁移[①]（liquid migration）是 Engbersen et al.（2009）基于全球化流动的现代性（liquid modernity）提出的，指在频繁的流动下，原本厚重而稳定的社会制度（如阶层、家庭、社区和国家等）正转变为更加灵活、薄弱的制度或组织。该流动性迁移具有六大显著特征：国外逗留的临时性质；劳务移动（含移民学生）；合法移民身份；多重性和多方位流动；个性化的生活策略（典型的第一代流动模式）以及不可预测性（没有明确的迁移愿望和开放选择）。与传统的流动者一直被嵌入家庭、社区、当地劳动市场和国家的模式不同，该流动群体有更多的自由来发展自己的流动性轨迹（Engbersen，2012）。更为重要的是，在这一个性化的流动过程中，家庭作为流动引擎的主导地位将不断被削弱（Philips&Massey，1999）。也就是说，留港工作内地人士凭借着合法的流动身份，因为自身流动的随机性和不确定性等，将享有更多的自由来发展自己的流动轨迹和社会网络；同时，这也意味着该群体的流动轨迹和社会网络更加个人化。

而目前有关留港工作内地人士在流动中如何实现社会网络建构却尚未引起学术界的注意，我们对此知之甚少。另外，可以留意到，目前针对流动的研究往往只关注流动群体在流入地的社会网络

① 中文为作者译，请以英文为准。

的建构，以及流出地对流入地的单向性影响，没有以一个动态的视角去观察流动群体流动前后无论是在流入地还是在流出地的社会网络的整个变化过程。因此，对于留港工作内地人士在流动过程中社会网络的建构与维持，我们需要用更为动态且全面的视角，关注其从流出地到流入地原有的社会网络的延续和新型社会网络的建构过程。本文提出的分析框架图 1 所示。

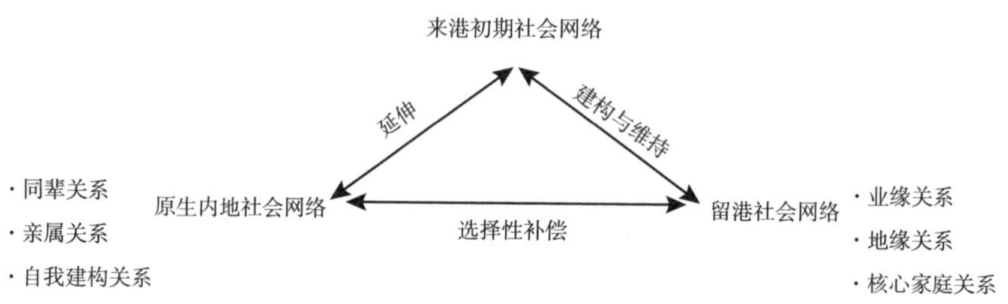

图 1　留港工作内地人士流动过程中社会网络建构分析框架

三　留港工作内地人士社会网络在港的动态变化

（一）在来港初期个体内地社会网络的延伸

为了适应周围环境，个人会有选择性地利用不同的资源，从而发展出三种不同的策略模式：依赖同辈的模式，即运用同辈及相关社会背景的人的资源；依赖族人的模式，即利用核心家庭以外的亲戚资源；依赖自己的模式，即依靠自己及核心家庭或外界非人情关系的组织资源，通过不同模式构建起来的社会网络成为他/她们传递流动信息的媒介（廖正宏，1986）。

在来港前，大部分港漂受访者表示已积极通过自身在内地的社会网络提前获取在港的相关资讯，并尝试远距离地初步建立在港的社会网络。而因其进入香港的行动具有很高的主动性和独立性，社会网络的功能在初期往往以提供信息、情感支撑为主。

1. 借助同辈及相关社会背景的人的社会网络进行网络对接

在确定来港就读后，留港工作内地人士会主动与相关人士（已在港的同学、学长学姐或曾有留港经历的在校老师等）等进行接触，提前获取在港与学业和生活相关的资讯。此时，关系链主要是用来传递流动信息，以使个体更好地利用已有的社会资源为自己提供服务，并为自己之后的来港生活做准备。

> 高中我们是同班但不熟，后来我要过来（香港）读书，我们两个就开始联系……到了香港后，我们还住在一起。就连我后面（留港工作后）在香港的社交圈子都是从她开始的。（Wenbo，27岁，幼教）

从对Wenbo的访谈记录中可以看出，在来港就读前，她就已经尝试从自己在内地的社会网络中找到在港的关键人物（高中同学），与其恢复联系，并利用对方已在港的资源，提前解决了在港需要面对的问题（如租房子），更为来港后在港的社会网络的建构奠定了基础。在原家乡，双方并没有过多的交往，但基于“香港”这一特殊的中介，所有与香港相关的信息成为双方的共同话题，已经出现断裂的关系重新被连接在一起；同时，即将聚居在同一异地的经历，也让双方有更多在地的交往机会。也就是说，留港工作内地人士在早期尝试性远距离建立在港社会网络时，亦不断借由“漂泊”香港这一共同经历加强了原有在内地既有的社会网络，可以说这一社会网络既是原有内地社会网络在港的延伸，同时也是内地社会网络本身的扩张。不仅社会网络的地域覆盖范围远远超过了原有关系的地理范围，连其强度也在不断增加，变得更加紧密。

2. 依靠在港亲戚的社会网络初步建构在港个人社会网络

随着香港与内地人们交往的日益频繁，跨境婚姻的数量也在不断增长。跨境婚姻中的内地一方也成为留港工作内地人士来港前及来港后的重要支持者。在开始其港漂经历前，留港工作内地人士会通过与在港亲戚的往来，采取来港探亲等方式提前体验在港生活，获取关香港的第一手资料，后续更经由亲戚这一关键人物初步建立在港的个人社会网络。

有一个早年因为婚姻来港的姑姑的 Pan（29 岁，博士在读）表示，“之前就来过（香港）一次找我姑姑……一开始可能觉得我比较需要帮助，她会经常叫我去她家吃饭，问我学习呀生活适应不适应。有时候还会让她的同事帮我带一点吃的”。在港亲戚居港时间较长，且他/她已逐渐摸索出适应香港本地的生活和工作模式，建构起较为稳定且覆盖面较广的在地社会网络（依附于婚姻关系），因而是一个较好的资源提供者。而且，华人较注重以家庭为中心的亲属关系，对家族内具有血亲关系的成员具有较强的责任感。所以，当留港工作内地人士独立离开家乡前往异地生活时，出于“血浓于水”的宗族责任，在港亲戚在前期会慷慨提供帮助（以经济照顾、情感支持、讯息传递为主）。这样，以亲属关系为基础的社会网络为他/她们在港的初期生活体验、流动资讯以及情感沟通等活动都提供了较为稳定的支持，且可以实现地域跨越，同时成为留港工作内地人士在港初期的社会支持网络。

3. 通过社会组织等自发性结伴，个体在港内地圈的雏形初现

跟上述提及的两种提前找到在港的关键人物，利用其原有的社会网络拓展自己的在港社会网络不同，这种模式主要依靠留港工作内地人士自己主动在“港漂”圈、寄托（Gter）等专门服务于“港漂”的社会组织内寻求与自己经历相似的内地人士，在内地率先建立好同质性较强的内地朋友圈。在随后的流动中，将整个在内地已建构起的社会网络直接迁移到香港。

> 我在寄托（某“港漂”网站）上面会发帖，告诉大家我是什么专业，然后有人看到你的帖子，就拉你进群。有一些小伙伴还是因为进群之后，群里认识的，就一起在香港找房子……（Wang，29岁，采购经理）

这种模式主要是通过扩大留港工作内地人士自身在内地的社会网络，将一群同样没有在香港有生活和工作背景且即将要有共同体验的内地人士聚集起来。这群人往往来自五湖四海，通过彼此之间的线上互动形成一个巨大的、跨越地理范围的社会网络。这一社会网络会随着流动者的流动实现异地转移，而这其实就是在港内地圈的雏形，即留港工作内地人士的第一次抱团。

通过比较上述三种模式，我们可以发现，在前两种模式中，留港工作内地人士所建构的社会网络呈现出较强的依赖性，即主要依靠在港的关键人物为其流动提供资讯帮助。这一单向性的依附模式会使得他/她们需要花费很多的精力去讨好对方或维系双方的关系，以确保能够得到后续稳定的支持。比如Huang（26岁，研究助理主任）就提到由于觉得拜托了在港亲戚对自己女儿提供帮助而感到亏欠，她爸爸会时不时就请对方吃饭，逢年过节也会送礼品来表达自己的谢意，以确保关系的延续性。但这种依附型的关系也面临着很大的风险，当物质感谢或原有的情感基础无法发挥维系关系的功能时，便会产生令受访者也无法理解的“断交”。正如 Pan 谈及与在港姑姑后期关系破裂时，说道“她好像就是觉得我已经独立了，不需要她（帮助）。可能我哪些地方让她生气了也不一定。反正她现在对我态度很冷淡，我去送她东西她都不接待”。之后甚至连他爸爸（亲戚的亲哥哥）前往拜访时，姑姑亦以工作忙碌为借口推脱碰面。

留港工作内地人士的亲戚关系在其社会网络中的影响和作用似乎在流动过程中出现了减弱的势头。不管是被动地还是主动地，这种单方依赖型的亲戚关系都会随着留港工作内地人士居港时间延长，逐步摸索出适合自己的在港生活和工作模式而逐渐减弱。一方面，在港亲戚认为在留港工作内地人士来港初期已经提供了足够的帮助，他们找到工作后可以在香港自给自足，便主动停掉了原有的支持，减少双方之间的往来。另一方面，在基于长辈对晚辈照顾而建立起来的依赖型关系中，双方本身就处在一个地位不对等的状态下，在前期，当留港工作内地人士对香港并不熟悉时，亲戚的主导性确实可以为留港工作内地人士避免掉很多不必要的麻烦。但是在留港工作内地人士本身对香港也逐渐了解的情况下，亲戚的主导反而限制了他/她的自我发展。加之，双方之间往往没有重要的共同经历作为后续支撑，亲戚作为一个资讯提供者和情感支持者的角色在流动过程中逐渐被淡化，在港的亲缘社会网络也自然而然地随之减弱。由于在港的亲戚社会网络正是内地的亲戚社会网络的延伸，所以当留港工作内地人士与亲戚之间的关系出现破裂时，这一破裂也会反过来影响到内地既有父辈间的亲缘关系网络。

通过自发性组织所建构的互助型网络体现出较强的主动性和平等互助性。首先，他/她们通常都是自发地以能找到自己同校或同专业的内地学生为目的，会在平台发帖建群等。在这个过程中，群内成员会主动分享自己所了解到的资讯，如在港的衣食住行信息、学校课程的安排、各种入学手续等，通过线上互动实现信息共享，以维持群的活跃度和群内成员的联系。除去实质的资讯互助外，情感支持也是促使留港工作内地人士主动选择“抱团”的重要原因之一，即共同的学生身份以及即将在港开展异乡生活的共同经历让他/她们得以产生“同为异乡人”的情感联系。这一情感共鸣使他/她们产生了对“共同体”这一集体性概念的体认，大大增强了群体成员间的凝聚力。显然，与前两种模式体现的单一性不同，互助型的社会网络呈现出群体性的特点，不存在所谓的关键人物，覆盖面更广且更为发散。即使在后续流动中，同样也面临着不断筛选与重组的过程，但是多重交叉的网络的复杂性一定程度上保护了在港工作内地人士所获得的社会支持的多样性。同时，自发性结伴所产生出的集体认同度，使得多方能形成良好的互动，这一平等互助的关系也得以在各方后续共同的留港经历中不断加深。

总而言之，来港前，留港工作内地人士会通过多种方式尝试性远程建立其在港的社会网络，并且在构建的同时也不断拓展自身的内地圈子。通过不同方式建立起的社会网络，在后续网络建构和维持中亦出现了不一样的结果：或破裂，或延续，或加深。但不管怎么说，此时，留港工作内地人士的社会网络从覆盖面而言已达到其最大值。

（二）在港期间个体社会网络的重构

毕业后是否留港是每个在港就读的内地学生在港期间面临的重要选择之一。对大部分选择留港工作、继续“港漂”生活的人来说，留港的随机性很大：他/她们并没在来港初期就做好留港工作的规划，反而是在找工作的过程中，在比较了内地和香港的工作机会后才做出选择。另外，在香港特区政府推出的《非本地毕业生留港/回港就业安排》的政策下，非本地毕业生在课程结束后享有 12 个月在香港继续逗留的权利，因而他们被给予了较大的自由摸索空间。所以，留港工作对大部分受访者而言具有较强的体验意味，不管之后是否继续留港，回内地发展都是一个备选，形成了“进可攻退可守”的局面。但在这“一进一退”下，留港工作内地人士在港的社会网络却面临着重构的危机。

1. 业缘关系难建，流动的地缘关系和友谊关系难续

超过一半的受访者表示目前所在的公司是中资企业，大部分的同事是内地人，且工作业务多面向内地市场，在这一工作环境下，与香港本地人接触的机会并不多。但这很大程度上并不是因为留港工作内地人士主动倾向于就职于中资企业，而是碍于语言、文化等问题，他/她们在招聘过程中难以突围而出。Wang 在找工作的时候，无论是港资还是中资企业，她都有递交简历，只是“港资的话，其实是面完 group discussion（小组讨论）就没（结果）了。那时候（面试）用了广东话，我只能听懂，很怕回答，所以没有办法参加讨论”。所以她之后选择留在了一家在港的中资企业，日常互动对象以内地同事/客户为主。但即使有香港同事，Pan 认为“香港的跟我们（留港工作内地人士）是两个圈子”。语言上的障碍是大部分受访者反复提及的，这一问题实际代表的是无法共享的

文化，而这一文化又与群体的共同成长经历息息相关。因经济制度、社会文化等方面存在差异，留港工作内地人士与香港本地同事缺乏共同成长的背景，比如对热点话题、网络用词等在日常生活中难以达成一致，无法找到双方共同点以作为深入交往的切入点，渐渐仅保留了依附在“工作”上的联系。

而且这一基于工作场域形成的弱关系，一旦脱离了特定的工作场域（如换工作），不管个体是否离开香港这一地理范畴，都将难以持续，这也是留港工作内地人士所能预见的结果。正如 Frank（28 岁，研究助理）认为，“工作聊完，就没什么其他的……和我现在的同事（香港同事），我们俩以后肯定没有联系，我现在就可以预测……所以，将来可以帮助你的朋友，能和你聊天的朋友，就相对那么少。离开以后可能没有（朋友了），因为我跟香港的联系，主要是通过面对面的联系方式。一旦没有这个机会，那就没有这个基础。想（以后）见面，就比较难”。

显然，留港工作内地人士缺乏与本地同事的良好互动，双方无论是生活圈还是工作圈都出现了明显的区隔，留港工作内地人士在香港工作的状态呈现出“寄居”的现象，即他/她们仅仅是生活在香港这一地理范围内，但是其生活和工作模式并没有适应社会和环境的变化，难以完成以业缘关系为基础的次级社会网络的建构与在地化。

那么留港后个体的内地圈又出现了什么变化呢？线上线下联动的互动模式成为留港工作内地人士得以维系其在港的内地社会网络的重要方法之一。碍于香港盛行的“加班文化”以及非聚居的生活模式，留港工作内地人士在工作日很少有机会可以相聚，多数情况下是通过线上聊天软件进行日常互动，通过微信聊天、朋友圈点赞留言等来提高自己的存在感。线上的互动是为了维持日常稳定的交往以保障关系的连续性，线下的面对面交流则是为了让关系进一步得到巩固。无法忽视的是，在港建构的内地社会网络的核心组成人物正是同样具有高流动性的内地人士。他/她们本身是因“流动”的异乡人身份而结交成友，同时，也会因“流动”而四处分散。特别是在流动过程中，原留港工作内地人士因各种原因回内地或离开去别的国家发展时，缺少在同一地理环境内持续性的线上线下互动，原有较强的地缘关系和友谊关系也面临着瓦解的危机。

> 我的内地圈的朋友是流动的，有人走，也有人会进来我的圈子。通常都是因为工作离开香港的，（离开之后）这辈子就见不到啊……如果你们离开了香港，地理因素是一个很大的东西。（Yu，27 岁，程序员）

在港的内地社会网络具有较强的流动性和开放性，这是由留港工作内地人士本身的高流动特性所决定的。但当它被放置在香港这一特殊的地理位置上时，比起其他社会关系（如亲属关系和业缘关系），却显得较为稳定且成为留港工作内地人士的重要社会支持来源之一。如同业缘关系一般，一旦脱离香港这一场域，依靠“异乡人”这一共同经历的地缘关系和友谊关系联结起的社会网络也随之变得分散疏离，渐渐失去其情感支持的作用。

同样地，随着留港工作内地人士的流动，其与原有的内地朋友的互动也不断减少，同时选择性的时间和精力成本的投入、工作和生活环境的区隔等，使得双方也难以产生共同话题，无论是线上的日常聊天次数还是线下的聚会次数都呈下降趋势。留港工作内地人士可能会有选择性地将资源投放在小部分值得投资的朋友身上

（如儿时玩伴或原交往密切程度较高的朋友）。

所以，留港工作内地人士在留港后，没有共同经历的业缘关系网络难以建构，即使建立起有共同经历的地缘关系和友谊关系网络也难以在流动中维持，因此其整体社会网络呈现出不断萎缩且松散的状态。

2. 对家庭关系网络的增强性依赖与补偿

虽如Engbersen所认为的那样，在流动性迁移中，家庭作为流动引擎的主导地位在下降，但我们发现，在家庭本位文化影响下，家庭在留港工作内地人士的整个流动过程中一直发挥着至关重要的作用。对比起其他关系，他/她们在家庭这一原本就较强的关系上反倒投入了更多的人力物力，对其依赖性也越来越强。比如来自广东的港漂Huang表示在读书期间基本都是寒暑假才回家，但是工作之后她基本上两个星期就会回一趟家；家在云南的Wenbo也表示一有假期，即使只有两三天她也会选择飞回家与父母相聚，或者抽空和父母一起外出旅游。

留港内地人士对家庭关系的倾向式投入主要出于以下两个理由：第一，这是出于减轻因异地工作和生活无法照顾父母所产生的愧疚感而做出的补偿性措施。Wenbo解释道，“就自己心里面有一点觉得，老是他们两个人，还是要回去陪一下。就是中秋这些团圆的节日，有一个对比，你才会觉得，陪不到他们自己心里也挺难受的”。除去面对面的相处外，他/她们同时也会通过各种社交软件与父母保持线上的互动频率，展示自己在异地的工作和生活情况，确保双方在情感和信息上的互通。第二，在整个流动过程中，因维持不同的社会网络需要耗费大量人力物力，所以留港工作内地人士对不同的社会网络关系的成本投入是具有选择性的。在面对预期中难以建构与维持的业缘关系网络、地缘关系和友谊关系网络时，他/她们亦会主动将资源集中投放在可控的关系上，不断稳固自身所具有的社会网络以寻求稳定的社会支持，抵抗流动中的不安。家庭关系的稳定性在流动的不稳定状态中就可以起到很好的稳定和补充作用，尤其是给予留港工作内地人士稳定的情感性帮助。

综上，留港工作内地人士无论是在流动前还是在流动过程中建构起来的社会关系（如地缘关系、友谊关系等）都伴随着高流动性和不明确性而不断式微，家庭关系这一强关系却得到不断强化。相比起留港工作内地人士来港前期覆盖面广的社会网络，他们在港后的社会网络在流动中出现了越发松散且不断萎缩的状况。

四　结论与讨论

“香港工作，内地生活”是留港工作内地人士对其目前“港漂”状态的一个整体性描述。留港工作内地人士在港生活的个人化以及留港与离港预期的不明朗化，一定程度上加大了他/她们的流动性，这一不断增强的流动性也使得他/她们在港后的社会网络难以建立及维持。显然，与生活地点和职业身份的转变相比，流动中的社会网络转型显得更加滞后和艰难。

留港工作内地人士在港生活的个人化。首先，高强度的工作压力和超长工作时长使得留港工作内地人士的生活单一化。根据瑞银集团2016年公布的数据，香港人平均每周工作超过50个小时，每年工作约2600个小时，香港是全球工时最长的城市[①]。工作日繁重

① 资料来源：《内地人才在香港工作是一种怎样的体验》，新华网百家号，https：//baijiahao.baidu.com/s? id=1606313511322301313&wfr=spider&for=pc，2018。

的工作任务以及无休止的加班早已使留港工作内地人士精疲力尽。因此，在个人休闲时间中他/她们都会或主动或被动地切断与工作之间的联系，这样也就切断了与本地同事或“港漂”同事的联系，以个人活动为主。如若已在港成立家庭，回归自己的小家庭活动也成为首选，而较少参与以建立或维系在地社会网络为目的的集体活动。同样，香港本地同事也倾向于选择以个人为主的家庭活动。李沛良等（2001）针对香港和北京城市居民的社会支持网络进行了比较研究，发现尽管这两个城市的社会发展水平、政治制度和市场化水平都存在较大的差异，但其核心家庭关系（特别是血缘关系）在社会网络中均显示出极端重要性。也就是说，不仅是留港工作内地人士“融不进”香港，而且香港本地港圈的封闭性也对其融入产生了一定的排斥作用。

在传统的流动群体中，无论是巴黎温州人还是新加坡小印度群体，均出现了聚居或聚集的现象。这主要是由于社会网络不但影响了他/她们异地的进入，还影响了其在当地的生存和发展。聚居或聚集更有利于他们充分借用社会网络来完成自身的生存和发展。而对留港工作的内地人士来说，这一关系链的重要性较弱，难以在港形成较强的集体凝聚效应，内部联系相应地较为松散。再者，留港工作的内地人士主要依赖稳定的工作来支持其生存和发展，因此通过建构在地社会网络来达致融入的目的，并不是他/她们所看重的。“我干吗要融入啊，我不 care（在意）这个问题，我反正就上班，上完了我就回家，我又不需要跟那些香港人打交道……工作岗位足够维持作为一个社会人的基本生活”（Xiao，25 岁，金融行业）。确实，在所有的受访者当中，仅有两名受访者分别表示在居港 4 年和 6 年的时间内，曾主动换过一次工作，其余均未更换过工作单位。也就是说，维持在港工作和生活更多依赖于自身的人力资本而不是社会网络。最后，比邻深圳、珠海等内地沿海城市为留港工作内地人士工作和生活圈子的分开提供了可行性。借由便捷的交通和过关程序，随时可回内地过回熟悉的生活，使得他们在港发展出合适的生活方式也变得不那么重要。

另外，留港还是离港也成为留港工作内地人士（特别是在港工作生活 2 ~6 年的内地人士，也就是本研究的主要研究对象）后续最为关注的问题。目前，大部分留港工作内地人士对于后续是否留港持有观望的态度，这取决于香港与内地两地不断变化的发展前景。尤其是在内地薪酬待遇和物质生活等要素水平不断提高的情况下，香港原有的优势逐渐丧失，难以吸引留港工作内地人士落地生根。值得一提的是，内地政府近年来不断推出各种人才优惠政策，吸引在海内外有留学背景的学生回流。如 2017 年，深圳市就打响了“人才战争”，制定“促进人才优先发展 81 条”等，加大对国内外高层次人才团队的资助力度，甚至对人才给予租房和生活补贴等各种优惠[①]。加之，大湾区的建设也让留港工作内地人士有机会成为这种多个城市功能互补的生活的优先体验者，为其提供了暂时立足港土、眺望内地的观望机会。留港工作内地人士是一个注重“机会”的群体，来去均随“机”而动，这一机会的随机性也增强了留港工作内地人士的流动性。

借助便捷的交通设施、通信工具和宽松的出入境政策等，留港工作内地人士能轻易跨越时空的限制，实现情感性需求和工具性需求的分离式满足，也让其对自身社会网络的建构与维持有较强的选

① 资料来源：《“人才战争”打响！2017 深圳出台史上最优政策一次性吸引了 72 个国家》，引智中国，https：//470098. kuaizhan. com/50/66/p42385782300bf2，2017。

择性，实现社会网络在地化的动机较弱。但我们会发现，当留港工作内地人士的工作圈和生活圈出现区隔时，不同群体间的共同经历难以形成，这意味着其生活和工作模式更加原子化，流动轨迹更加个人化，社会网络更加松散和萎缩。这一互斥型的流动的社会网络不但将导致他/她们难以实现流动的社会网络资本的积累，而且使他/她们越发依赖于原有的经济、社会和文化等资本，也就是他/她们并没有实现借由流动过程不断扩大其社会网络的深度和广度以跳出其原有经济、社会和文化结构的目标。那么留港工作内地人士作为沟通香港与内地两地桥梁的角色或促进两地资源交换的作用更是难以实现。另外，可以试想，如果在港工作仅成为留港工作内地人士短暂的人生体验式旅程，那么这对香港来说无疑意味着大量优质人才的流失。同样，即使内地出台了众多人才优惠政策，留港工作内地人士仍“回不去”，他/她们的既有内地社会网络也因流动而不断缩小，同时对内地的工作环境也产生不适，由此陷入一个两难困境，并逐渐在流动中找不到自己的社会位置。因此，如何将留港工作内地人士现有高流动性的特性去劣化，转劣为优，即重新发掘其高流动性对社会网络建构与维持的积极功能显得尤其重要，而这亦是之后的研究可以关注的重点。

参考文献

［1］ Engbersen, G., *Migration Transitions in An Era of Liquid Migration Reflections on Fassmann and Reeger*, 2012.

［2］ Engbersen, G., Snel, E., & de Boom, J., “A Van Full of Poles: Liquid Migration from Central and East Europe”, *A Continent Moving West*, 2009.

[3] Graves, N. B., & Graves, T. D., "Preferred Adaptive Strategies: An Approach to Understanding New Zealand's Multi-cultural Workforce", *New Zealand Journal of Industrial Relations*, *2* (3), 1977.

[4] Kalter, F., "Social Capital and the Dynamics of Temporary Labour Migration from Poland to Germany", *European Sociological Review*, *27* (5), 2010.

[5] Lubbers, M. J., Molina, J. L., & McCarty, C., "Personal Networks and Ethnic Identifications: The Case of Migrants in Spain", *International Sociology*, *22* (6), 2007.

[6] Massey, D. S., Arango, J., Hugo, G., Kouaouci, A., Pellegrino, A., & Taylor, J. E., "Theories of International Migration: A Review and Appraisal", *Population and Development Review*, 1993.

[7] Meng, X., *Labour Market Reform in China*, Cambridge University Press, 2000.

[8] Phillips, J. A., & Massey, D. S., "The New Labor Market: Immigrants and Wages after IRCA", *Demography*, *36* (2), 1999.

[9] Zhao, Y., "The Role of Migrant Networks in Labor Migration: The Case of China", *Contemporary Economic Policy*, *21* (4), 2003.

[10] 曹子玮：《农民工的再建构社会网与网内资源流向》，《社会学研究》2003 年第 3 期。

[11] 郭云南、姚洋：《宗族网络与农村劳动力流动》，《管理世界》2013 年第 3 期。

[12] 李培林：《流动民工的社会网络和社会地位》，《社会学研究》1996 年第 4 期。

[13] 李银河：《中国婚姻家庭及其变迁（第 4 卷）》，黑龙江人民出版社，1995。

[14] 廖正宏：《光复后台湾农业政策的演变：历史与社会的分析》，1986。

[15] 齐心：《延续与建构：新生代农民工的社会网络》，《江苏行政学院学报》2007 年第 3 期。

[16] 王春光：《流动中的社会网络：温州人在巴黎和北京的行动方式》，《社会学研究》2000 年第 3 期。

[17] 吴惠芳、饶静：《农村留守妇女的社会网络重构行动分析》，《中国农村观察》2010 年第 4 期。

[18] 悦中山、李树茁、靳小怡：《从"先赋"到"后致"：农民工的社会网络与社会融合》，《社会》2011 年第 6 期。

[19] 张文宏、李沛良、阮丹青：《城市居民社会网络的阶层构成》，《社会学研究》2004 年第 6 期。

[20] 张文宏：《中国社会网络与社会资本研究 30 年（上）》，《江海学刊》2011 年第 2 期。

[21] 张文宏：《中国社会网络与社会资本研究 30 年（下）》，《江海学刊》2011 年第 3 期。

Mainland China Residents' Social Networks During Their Mobility In Hong Kong

Chen Peier, *Huang Xiaoxing*

Abstract: This study tries to explain how Mainland China residents working in Hong Kong with the duration of less than 7 years construct and maintain their social networks during their mobility, focusing on the dynamic development of the networks within their flow-out and flow-in areas. Relying on peers, relatives and self-constructed networks, they initially try to establish a long-distance network in Hong Kong to disperse the information. However, with the breakdown of work and life, it is difficult to construct business relationship with the locals and maintain regional relationship with their peers sharing the common experience, and finally family relationship increasingly plays a vital role as compensation. As a result, the social network presents a loose and shrinking situation during the whole process of mobility.

Key words: Mainland China Residents; Mobility; Social Network

内地与港澳积极心理学发展与影响力

——基于 CiteSpace 和 Altmetrics 分析

赵金龙　韩布新*

摘　要： 积极心理学关注人类积极力量、性格优势和美德等人性中的积极方面，它对于人类进一步认知自我心理潜能提供了丰富思考。内地与港澳之间的心理学术交流正在逐步拓展和加深，积极心理学发展也迎合了当前人类积极追求自我发展的时代主题，这一切都使得积极心理学在内地与港澳之间的传播与研究形成了自身发展特点，并伴有不同影响力。本文采用 CiteSpace V 软件和 Altmetrics 分析方法分别对来自 Web of Science Core Collection 数据库（WOSCC）和中文社会科学引文索引数据库（CSSCI）中 2007～2017 年内地与港澳积极心理学相关论文数据进行了可视化科学知识图谱分析和替代计量得分分析。通过绘制内地与港澳相关研究机构网络

* 赵金龙，中国科学院心理健康重点实验室（心理研究所），中国科学院大学心理学系硕士研究生；韩布新，博士，中国科学院心理健康重点实验室（心理研究所）研究员，中国科学院大学心理学系博士生导师。

知识图谱、关键词热点共现的知识图谱以及引用期刊知识图谱，来进一步分析内地与港澳积极心理学研究发展现状；并通过 Altmetrics 分析让我们更好地了解内地与港澳积极心理学相关研究在世界范围内的影响力以及公众科普程度，从而为我国积极心理学术领域更好地认识自己的研究发展状况，以及积极发展自己的国际学术话语权提供参考。

关键词：积极心理学　知识图谱　港澳与内地

引　言

社会经济的迅猛发展使我们日益感到精神无力和产生心理危机，我们不得不借助心理学来调整我们的心理不适与偏差，解决困扰我们的心理和社会问题，改善我们的不良情绪和不良适应。但这些帮助往往只是部分解决了这些心理问题，并没有使我们变得更加健康和幸福。一些心理学家发现了这种存在于心理学发展历史方向上的偏差，为了实现心理学价值取向平衡，扭转这种偏差，美国心理学家 Seligman 发起了积极心理学运动，提出一种全新心理学研究取向——积极心理学，它和进化心理学的提出可以看作当代心理学研究领域的两大最新进展。[①] 积极心理学通过不同于传统心理学的视角来全新地阐述原有心理学主题，它改变了传统心理学重点关注

① Shultz, D. P., &Shultz, S. E., “A History of Modern Psychology”, Thomson, 2004.

心理行为障碍的取向，更多探索积极情绪、积极人格、积极体验。积极心理学的出现为人们追求更加幸福的感受提供了良好途径，同时也为心理咨询与治疗提供了更为积极的方案，这些改变都是当前心理学发展中的积极力量。

积极心理学是一种理解积极主观体验、积极个人特质、积极组织的科学，积极心理结构应该包括积极情绪、投入、意义、积极人际关系以及成就五个因素。[①] 它利用目前心理学中比较完善有效的实验方法与测量手段来研究人类优势和美德等品质，是致力于研究普通人活力和美德的科学。[②] 它更是一种心理学研究取向，为今后心理学诸多领域的研究拓展了全新思维模式。

积极心理学的思想来源体现出多元化，它不仅来源于西方文明和宗教文化，同时也来自东方哲学思想，这些优秀人类文明成果为积极心理学的产生和发展提供了宝贵的理论思想基础。不同文化文明产生不同学术环境和话语体系，在当今时代背景下，心理学作为一门诞生于西方的科学门类，在很大程度上也存在西方学术体系的局限性和偏差，随着国内心理学研究的深入，心理学本土化被广泛地提及。另外，从整个世界范围来看，科学学术体系依然是由英文主题氛围所引导的发展体系，主要体现在世界范围内学术交流语言、国际化核心期刊、权威学科教材出版以及公共科普知识转化等方面，这些都提醒我们当前国内学术研究的国际话语权还有很大提升空间。积极心理学的发展亦是如此，因此本文希望通过对内地与港澳积极心理科学学术研究的替代计量得分分析来进一步了解当前

---

① 马丁 · 塞利格曼：《持续的幸福》，赵昱鲲译，浙江人民出版社，2012。

② Sheldon, K. M., & King, L., "Why Positive Psychology is Necessary", *The American Psychologist*, 2001, 56 (3), 216 - 217.

我们国家积极心理学学术研究的公众影响力。

从积极心理学出现之日起，内地和港澳学界就对其给予了关注，并结合各自研究领域进行了相关理论和应用研究。内地积极心理学相关研究从2000年左右开始，在2013年达到一定规模。总体而言，十几年来内地积极心理学研究不断加强。[①] 港澳地区积极心理学研究几乎和内地同时进行，并且更加关注积极心理在心理治疗中的有效作用。Positive Psychology在内地被译为“积极心理学”，在港澳被译为“正面心理学”，在台湾地区被译为“正向心理学”，尽管各自翻译不相同，但对于积极心理学的认同和理解却非常一致，相关应用研究在一定程度上也彼此交叉，这对于相互之间的学术融合和交流还是有一定借鉴意义的。

一　研究方法

（一）数据来源

基于研究文献的统计分析质量主要依靠论文文献的检索精确性，这就要求在文献检索过程中严格把握论文文献选择依据和全面性，特别是要不断依据研究自身的需求，反复对文献检索结果进行筛选，从而尽可能获得准确和全面的分析数据。本文分析数据来源于中文社会科学引文索引数据库（Chinese Social Sciences Citation Index，CSSCI）以及Web of Science Core Collection数据库（WOSCC）。检索

① 詹丽玉、练勤、韩布新：《国内外积极心理学领域近期研究的可视化分析》，《西南民族大学学报》（人文社科版）2017年第2期。

主题词为积极心理学、Positive Psychology 等。检索设定时间为2007 ~ 2017 年。设定论文文献发表地区为中国，其中区别内地和港澳地区。通过设定一定标准进行检选，排除一些不相关论文，排除重复发表的论文，最终获得 456 篇论文。数据下载时间为 2017 年 12 月 28 日。

（二）研究工具

CiteSpace 软件是由德雷塞尔大学计算与信息学院华裔教授陈超美开发的科学知识图谱软件，它主要用于寻找某一领域或知识结构的发展临界点，特别是知识发展的转折点和关键点，是全美信息分析工具中最具特色和影响力的科学知识图谱可视化软件之一。[①] CiteSpace 作为基于 Java 语言开发的一款信息可视化知识图谱软件，主要采用共引分析理论和寻径网络算法，通过对特定学科领域论文文献进行计量，来绘制一系列可视化知识图谱进而获得对学科演化潜在动力机制的分析和学科发展前沿的探测。[②] 作为一种全新学科知识观察分析方法、认知世界和改变知识世界的方法，CiteSpace 在世界多个学科领域得到了广泛应用，在我国的科学学科领域也引起了研究分析的热潮。例如：在心理学领域，辛伟等人[③]就军事心理学学科的知识进行了分析；在新闻学与传播学领域，叶新海等人[④]对该领域研究热点进行了十多年（2000 ~

---

① Chen, C. , "CiteSpace Ⅱ: Detecting and Visualizing Emerging Trends and Transient Patterns in Scientific Literature", *Journal of the American Society for Information Science and Technology*, 2006, 57 (3), 359 - 377.

② 陈悦、陈超美、刘则渊、胡志刚、王贤文：《CiteSpace 知识图谱的方法论功能》，《科学学研究》2015 年第 2 期。

③ 辛伟、雷二庆、常晓、宋芸芸、苗丹民：《知识图谱在军事心理学研究中的应用——基于 ISI Web of Science 数据库的 CiteSpace 分析》，《心理科学进展》2014 年第 2 期。

④ 叶新海、陈华英：《我国新闻学与传播学研究热点知识图谱分析——基于 CSSCI（2000 - 2011 年）》，《西南民族大学学报》（人文社科版）2014 年第 9 期。

2011 年）的分析等。CiteSpaceⅡ在 2005 年发布，随后 CiteSpaceⅢ和 CiteSpaceⅣ分别于 2011 年和 2015 年发布。到目前为止，最新版本为 2016 年发布的的 CiteSpaceⅤ。

Altmetrics 最初是由 alternative（替代性）和 metrics（指标）两个单词所组成的，它的具体含义从这两个单词中可以感受到，但是明确定义目前还没有得到严谨界定。部分学者认为 Altmetrics 是对学术研究成果的网络平台分享和评论情况进行计分的指标，它体现了学术结果对公众的影响力；简单地也可以认为它就是一个评价学术研究成果的计量指标，这种指标反映了人们对学术研究成果的关注程度。[①②] Altmetrics 可以被看作替代计量学（alternative metrics）中的一个指标，它提供了一种不同于传统学术评估研究的方法，可以基于更加具体的学术研究论文产生的多方面反响进行评估，而不是仅依靠传统影响因子等指标。在学术和科学出版领域，传统学术评估指标（影响因子、H 指数等）往往只体现出学术研究的科研价值，因为这些指标一般基于科学研究者群体进行评估，而没有体现出学术研究的科普价值，甚至没有体现出学术研究的公众价值。因而，Altmetrics 可基于人、期刊、书籍、视频、新媒体等与学术研究论文相关的数据，来进一步分析该项学术研究的具体公众价值。[③④] Altmetrics 发展过程也体

---

① Konkiel, S., & Scherer, D., "New Opportunities for Repositories in the Age of Altmetrics", *Bulletin of the Association for Information Science & Technology*, 2013, 39 (4), 22 - 26.

② Rasmussen, P. G., & Andersen, J. P., "Altmetrics: An Alternate Perspective on Research Evaluation", *ScieCom Info*, 9 (2), 28 - 39.

③ Fecher, B., Bartling, S., & Friesike, S., *Opening Science: The Evolving Guide on How the Internet is Changing Research, Collaboration and Scholarly Publishing*, New York: Springer, 2014, 181.

④ Mcfedries, P., "Measuring the Impact of Altmetrics", *Spectrum IEEE*, 2012, 49 (8), 28.

现出大数据的支持与发展情况，它基于公众对于学术论文的观看、引用、谈论等数据进一步分析得到评估分数，可以体现学术研究所受到的关注度和影响力，这些是使用影响因子、H 指数等传统方法难以准确表达的内容。目前许多的项目如 ImpactStory，以及 Altmetric，Plum Analytics 等公司都提供替代计量得分分值，还有学术期刊出版社如 BioMed Central，Public Library of Science（PLOS），Frontiers，Nature Publishing Group，Elsevier 等也开始提供替代计量得分的分值。①②

本文相关 Altmetrics 得分是由 altmetric. com 给定的，由 Web of Science Core Collection 数据库（WOSCC）检索到相关文献的标识符 DOI，在 altmetric. com 中进行匹配，从而获得相应得分数值。altmetric. com 中评价指标主要有以下几种：①博客：博客中提到该论文的次数；②推特（Twitter）：发布（或转发）该论文的 Twitter 用户数量；③脸书（Facebook）：脸书上提到该论文的次数；④Google +：提到该论文的 Google + 用户数量；⑤新闻媒体：学术论文被新闻媒体所提到的次数。不同评价来源指标具有不同权重，新闻媒体来源权重大于博客来源，同时它们均比 Twitter 等社交网络媒体来源的权重要大，这些反映出 Altmetrics 得分各种来源指标的相对价值性。Altmetrics 得分也提供一种可视化评价，它可以直观给出不同评价来源指标以及具体分数值，形状类似于一个甜甜圈或者砖块。这种具体化展示有助于让我们更加清晰便捷地了解学术论文的公众价值。

---

① Liu, J., & Adie, E., "New Perspectives on Article-level Metrics: Developing Ways to Assess Research Uptake and Impact Online", *Insights*, 2013, 26 (2), 153 - 158.

② Lindsay, J. M., "PlumX from Plum Analytics: Not Just Altmetrics", *Journal of Electronic Resources in Medical Libraries*, 2016, 13 (1), 8 - 17.

二 内地与港澳积极心理学研究趋势与热点

（一）内地与港澳积极心理学研究总体趋势分析

由中文社会科学引文索引数据库（CSSCI）近 10 年的统计数据可以看出，内地的积极心理学研究文献数量从 2007 年以来一直处于增长趋势，在 2013 年左右接近高峰期，随后有所回落。这与詹丽玉等（2017）的研究结果基本一致。

通过 CiteSpace V 分析内地积极心理学研究高产作者的知识图谱发现，前十位高产作者包括刘翔平、叶浩生、任俊、郑雪、石国兴、葛鲁嘉、苗元江、毛晋平、崔丽霞、孟万金。他们主要供职于高校，在一定程度上代表了内地积极心理学的研究群体和合作网络系统。表 1 显示了研究成果数量居前五位的学者的基本情况，数据来源于百度学术库。从表 1 中可以看出，大部分学者就职于高校心理学院或教育学院等，其中每一位研究者都拥有一个合作网络系统。H 指数（H index）作为一种混合科学量化指标，可用于评估研究者的学术产出数量和学术产出水平，它由美国物理学家 Hirsch 在 2005 年提出。[①] G 指数可以看作 H 指数的衍生指数，它主要是为了弥补 H 指数不能较好体现高被引论文的缺点，由 Egghe 在 2006 年提出。[②] 这两个指数都可以在一定程度上较好地反映研究者

---

① Hirsch, J. E., "An Index to Quantify An Individual's Scientific Research Output", *Proceedings of the National Academy of Sciences of the United States of America*, 2005, 102 (46), 16569 - 16572.

② Egghe, L., "Theory and Practice of the G-index", *Scientometrics*, 2006, 69 (1), 131 - 152.

在所研究学科领域的学术情况。被引用频次在一定程度上反映了研究者在学科领域内被关注的程度和影响程度。

表 1　内地积极心理学研究成果数量排名前五位的研究者的主要情况

研究者	被引频次	全部成果数	H 指数	G 指数	工作机构
刘翔平	1770	235	22	35	北京师范大学心理学院
任　俊	1772	95	18	41	绵阳师范学院教育科学学院
郑　雪	7461	232	44	81	华南师范大学心理学院
葛鲁嘉	1503	111	21	34	吉林大学哲学社会学院
苗元江	4349	149	32	64	南昌大学教育学院

资料来源：百度学术库。

根据 CSSCI 数据库中的检索数据进行关于内地积极心理学核心期刊的分析发现，内地积极心理学研究主要被刊载的期刊，排名前五位的是：《心理科学进展》、《中国特殊教育》、《中国临床心理学杂志》、《心理科学》及《心理学探新》（见表 2）。这些期刊在一定程度上代表了心理学学科领域积极心理学的发展研究平台，也展示了国内较核心的积极心理学期刊，但国内还缺乏专门的积极心理学期刊。

表 2　高载文期刊的基本情况

刊名	复合影响因子（2017）	出版文献量	总被引次数	创刊年份	出版地
《心理科学进展》	2.561	3905	94663	1983	北京
《中国特殊教育》	1.032	3862	38631	1994	北京
《中国临床心理学杂志》	2.050	4457	75421	1993	长沙
《心理科学》	1.341	8091	169503	1964	上海
《心理学探新》	0.672	2534	23292	1981	南昌

资料来源：CNKI。

图 1 显示了港澳积极心理学研究引用期刊的知识图谱。对具体文献引用期刊的分析可以使得我们更加清楚地理解内地与港澳的积极心理学研究定位，及其与西方积极心理学研究的联系，从而帮助我们明确积极心理学在内地与港澳发展的不同方向。评价引用期刊主要有两个指标：中心性和引用频次。中心性代表了节点在网络结构中的影响，而中心性越高说明该期刊与其他期刊形成的共被引关系网越紧密①，而引用频次则直接代表期刊被引用次数，在一定程度上表现出该期刊在积极心理学领域中的重要性。

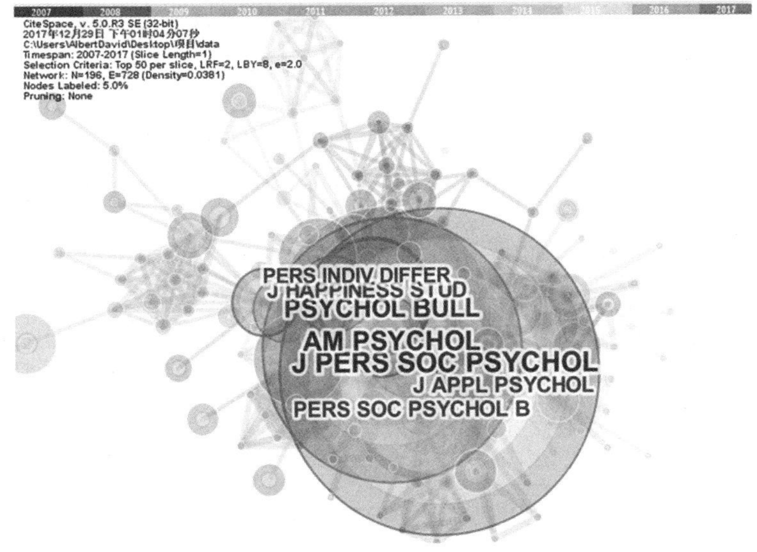

图 1　港澳积极心理学研究引用期刊知识图谱

如图 1 所示，最大节点期刊为《幸福学研究杂志》（*Journal of Happiness Studies*），是由 Springer 出版的同行评议学术期刊。主要涵盖的研究范围包括生活满意度、积极情绪水平等。该杂志被引用

① 辛伟、雷二庆、常晓、宋芸芸、苗丹民：《知识图谱在军事心理学研究中的应用——基于 ISI Web of Science 数据库的 CiteSpace 分析》，《心理科学进展》2014 年第 2 期。

29次，其中心性最高为0.22，2017年影响因子为2.327。排在后面的部分期刊主要有：《普通心理学评论》（*Review of General Psychology*），被引用21次，中心性为0.12，是由美国心理学会出版的季刊，最近五年影响因子为2.450；《人格与社会心理学杂志》（*Journal of Personality and Social Psychology*），在最近十年内共被港澳相关研究引用多达80次，其中心性为0.12，由美国心理学会主办，最近五年影响因子为7.296；《积极心理学杂志》（*Journal of Positive Psychology*），为双月刊也是同行评议学术期刊，2016年影响因子为2.327，主要涵盖积极心理学各个领域，创办于2006年，是由Taylor & Francis出版的积极心理学领域的专业期刊，共被引用16次，中心性为0.12，与其他期刊具有紧密的共被引关系；《心理学公报》（*Psychology Bulletin*），为每月出版的同行评议学术期刊，主要评价和回顾与心理学相关问题的解释，2017年影响因子为16.793，最近五年影响因子为20.655，在心理学多学科分类的128种期刊中排名第2①，在2007～2017年被港澳相关研究引用55次，中心性为0.09。

（二）内地与港澳积极心理学研究热点

图2显示了内地与港澳积极心理学研究热点科学知识图谱。对最近10年（2007～2017年）内地与港澳文献研究主题词进行可视化分析，发现出现频率较高的主题词往往代表着积极心理学某个时间段的研究热点，不同节点拥有不同年轮圈，半径大小也代表出

---

① “Journals Ranked by Impact：Psychology，Multidisciplinary”，*2017 Journal Citation Reports*，Web of Science（Social Sciences ed.），Thomson Reuters，2017.

现频次程度。从图 2 可以看出，主要热点体现在快乐、生活满意度、希望、青少年、积极情绪、心理健康、主观幸福感等方面。其中大学生心理健康在内地的积极心理学研究中比较受关注，港澳和内地大学生心理健康具有相似影响因素，自我和谐对于港澳学生心理健康保持具有重要意义①。在某些方面内地与港澳研究热点基本一致，体现了内地和港澳积极心理学研究共同的发展趋势，但港澳积极心理学也有与内地不同的研究热点，例如积极心理学在治疗方面的应用，以及社会不同群体的积极行为和个体差异。

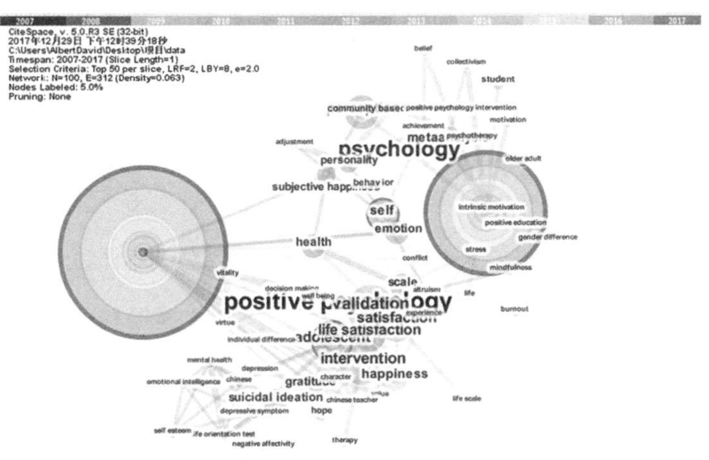

图 2　内地与港澳积极心理学研究热点科学知识图谱

三　内地与港澳积极心理学公众影响力分析

心理学研究与发展推动了人类认识自我的进程，特别是信息技

① 赵金龙、徐静、高健：《港澳台学生自我和谐与心理健康的关系》，第十二次全国行为医学学术会议，2010。

术和新媒体的发展，让我们越来越关注与自己生活密切相关的心理学研究成果，拓展了心理学研究的传播途径，并提高了心理学研究成果的公众影响力。

学术研究有着一套自己的科学评估方法，这些方法往往来源于不同的科学研究数据库和学术出版机构，能让我们清楚地认识到学者们的研究贡献——这种贡献基本停留在学者自己的专业领域，很少能为普通民众所感知，甚至不曾被公众知道。科学研究的价值一方面是为后来的学术研究者提供参考和帮助，另一方面是提高普通公众的科学素养，特别是扩展人类的普遍科学思维，因而在 21 世纪的今天，科学研究传播和科学知识生成同样重要。因此，通过一定方法来了解今天学术研究的公众影响力就变得很重要，Altmetrics 恰恰就是这样的方法之一。

Altmetrics 工具可综合衡量人们对于具体研究论文的关注程度，这和当前越来越开放的学术研究以及社交网络新媒体的发展有着必然联系。科学研究人员不再单一地通过学术出版机构来发表自己的研究成果，而是可以通过更加电子化和便捷的社交平台、视频媒介、个人和机构网站、网络学术平台等来提供自己的最新学术信息。例如：Mendeley、LinkedIn、Facebook 等。开放科学和互联网络的迅速发展也使得学术研究结果传播更加快速和高效，可以忽略时空差距，这些都为我们更加系统地运用 Altmetrics 工具来探索相关心理学研究的公众影响力提供了便利。

我们对从 Web of Science Core Collection 数据库（WOSCC）中获取的内地与港澳积极心理学研究文献进行了 Altmetrics 分析，结果如表 3 所示。

表 3　内地与港澳 Altmetrics 得分积极心理学研究论文特征分布

作者(年份)	单位所在区域	Altmetrics 得分	国际合作作者	所在期刊	期刊影响因子
Hengsheng Zhang, Jiliang Shen(2014)	北京	81	有	*Journal of Research in Personality*	2.417
Shirley Y. Y. Cheng(2012)	香港	63	有	*Journal of Consumer Psychology*	3.385
Michael Harris Bond(2014)	香港	41	有	*Personality and Social Psychology Bulletin*	2.504
Kin Fai EllickWong(2016)	香港	23	有	*Consciousness and Cognition*	2.144
Xianglong Zeng, Cleo P. K. Chiu, etc. (2015)	南京,香港	17	有	*Frontiers in Psychology*	2.323
Kit-Tai Hau(2011)	香港	15	有	*Psychological Science*	5.667
Song Wang, Xin xu, etc. (2017)	成都	14	无	*NeuroImage*	5.835
Wensheng Jiang, Fei Li, etc. (2014)	烟台	8	无	*PLoS One*	2.806
Yu-Fang Guo, Xia Zhang, etc. (2017)	长沙	7	有	*International Journal of Mental Health Nursing*	1.943
平均 Altmetrics 得分					29.89

研究选取在 2007 年到 2017 年发表的内地与港澳积极心理学相关研究论文，一部分研究论文的 Altmetrics 得分没有体现（部分是因为文章非英文，还有一部分是 Altmetrics 工具所用数据的来源平台所导致的），部分研究论文 Altmetrics 得分在 1～81 分。表 3 中列举了高 Altmetrics 得分研究论文，论文平均 Altmetrics 得分为 29.89 分，从表 3 来看，高 Altmetrics 得分的研究论文在内地

与港澳都有，并且发表年份均在最近几年，可见 Altmetrics 得分对最新学术研究成果有着十分灵敏的反馈，此外大部分研究论文有国际合作研究者，也体现出了当前积极心理学研究领域内全球学者交流的日益紧密。

通过具体分析，可以发现欧美积极心理学研究的 Altmetrics 得分会比较高，相比之下内地与港澳的得分会低一些。这是因为 Altmetrics 得分一般以人们在博客、脸书和 Google + 等网络媒体平台的学术成果关注数量为基础，而这些网络媒体平台集中在欧美地区使用，所以也会导致内地与港澳的积极心理学相关研究的 Altmetrics 得分较低。但总体上来看，内地与港澳的积极心理学研究成果具有一定的公众影响力。

四　讨论与展望

积极心理学让我们了解什么是我们在生活中值得去经历的，更让我们对自己内在的积极力量有了前所未有的发现，可以说积极心理学的最大贡献就在于让人类体会和追求更加幸福的生活。积极心理学的诞生源于心理学家对于多年来心理学消极关注偏向的矫正，更是源于心理学家对于人性中积极力量的重新发现，因此它使得心理学家努力去帮助普通人生活得更加美好、更加幸福、更加健康。积极心理学在 2000 年左右兴起于美国，随后在世界各地得到了广泛传播，在我国内地与港澳地区几乎同时被引进和研究，这些既得益于当前科学知识的快速传播，也得益于我国对于心理学科的重视和关注。

积极心理学作为心理学的一个分支，具有双重属性（社会科学/自然科学），同时也具有多种学科的交叉结合特征。采用CiteSpace知识图谱方法来分析最近十年内地与港澳积极心理学研究有助于我们从庞杂数据中发现一定规律和趋势，进一步支持未来内地与港澳积极心理学研究的交流与合作。CiteSpace知识图谱方法为我们了解整个心理学科发展提供了很好的方法，这种方法不仅提供了数据分析，更提供了明确图谱。图谱的呈现让许多学术关系和知识节点一目了然，也使得相对复杂的学术领域内容变得较容易捕捉。CiteSpace设计理论就是要改变人们看世界的方式，为人类认识世界提供一种全新方式。在当前大数据时代，给我们使用已有数据进行新知识的生产提供了可能[①]。

本文原始数据均来自Web of Science Core Collection数据库（WOSCC）和中文社会科学引文索引数据库（CSSCI），这些数据库记录的文献信息（作者、年代、关键词、摘要等）质量和准确度都影响了后期图谱分析的可靠性。同时，文献检索方法以及检索剔除规则等都对后期图谱分析具有不同影响。这些问题要求我们一定要采用固定规则来规范文献检索行为，同时保证数据库质量和规范。本文采用的两个数据库都是国内外学术检索的重点数据库，里面的中英文文献都具有一定代表性，在一定程度上可以呈现内地与港澳学者的积极心理学研究现状。

科学知识图谱分析可以让我们直观地看到内地与港澳积极心理学发展的异同，也清晰地表明了二者之间的联系。内地与港澳学者在积极心理学领域正在进一步加强学术交流和沟通，进一步拓展积极心理学研究的国际化视野。Altmetrics分析也让我们了解了内地和

① 李杰、陈超美：《CiteSpace：科技文本挖掘及可视化》，首都经济贸易大学出版社，2016。

港澳积极心理学研究的公众影响力，这些对于进一步增强我国积极心理学研究的国际话语权具有一定参考意义。

参考文献

[1] Chen, C., *CiteSpace: A Practical Guide for Mapping Scientific Literature*, Published by Nova Science Publishers, Inc. New York, 2016.

[2] Haggbloom, S. J., Warnick, R., Warnick, J. E., Jones, V. K., Yarbrough, G. L., & Russell, T. M., et al., "The 100 Most Eminent Psychologists of the 20th Century", *Review of General Psychology*, 2002, 6 (2).

[3] Yu, M. C., Wu, Y. C. J., Alhalabi, W., Kao, H. Y., & Wu, W. H., "Researchgate: An Effective Altmetric Indicator for Active Researchers?", *Computers in Human Behavior.*

[4] 罗良针、余正台：《基于 CiteSpace 的国内积极心理学研究演进路径分析》，《西南民族大学学报》（人文社会科学版）2017 年第 2 期。

[5] 吴胜男、赵蓉英：《Altmetrics 应用工具的发展现状及趋势之分析》，《图书情报知识》2016 年第 1 期。

[6] 詹丽玉、练勤、韩布新：《国内外积极心理学领域研究的可视化分析》，《西南民族大学学报》（人文社会科学版）2017 年第 2 期。

Developmental Trend of Positive Psychology in Mainland, Hong Kong, and Macao: Based on CiteSpace and Altmetrics Analysis

Zhao Jinlong, Han Buxin

Abstract: There are two latest developmental trends in psychology in the world. One is evolutionary psychology, the other is positive psychology. Positive psychology is concerned with the positive aspects of human nature, such as positive power, character strength, and virtue. It provides a rich reflection on the further understanding of the psychological power. The academic exchange of psychology between the mainland, Hong Kong and Macao are deepening. The development of positive psychology caters to the current theme of human's pursuit of self-development. All these make the dissemination and research of positive psychology in the mainland, Hong Kong and Macao all have different characteristics and are accompanied by different influences. Based on the original data in the Web of Science Core Collection database (WOSCC) and China Social Sciences Citation Index database (CSSCI) in recent 10 years (2007 to 2017), we describe the knowledge mapping of positive psychology by using CiteSpace Ⅴ and Altmetrics. By drawing the knowledge map of related keywords and cited journals, we will further analyze the development of positive psychology researches in the mainland, Hong Kong and Macao. Through Altmetrics analysis, we can better understand the worldwide influence of positive psychology, and the popularity of science popularization. This article provides a reference for positive psychology researches of China to better understand the development of self-research and actively develop its international academic discourse power.

Keywords: Positive Psychology; Knowledge Mapping; Hong Kong and Macao and Mainland

文献综述

香港本土意识演进与重构的多重叙述：一个文献综述*

刘华云　耿　旭**

摘　要：本土意识是理解当前香港系列社会运动和港人身份认同的关键词。从时间与内容上它可被划分为新、旧本土意识与极端本土意识。内地与香港学者因历史、文化差异对香港本土意识有多重解读。内地学者多基于回归叙述，将香港本土意识视为港英政府培育的产物，认为其应着重去殖民化；部分香港学者从经济话语出发，将经济兴衰作为香港本土意识兴起的根源；另有部分香港学者从后物质与后殖民视角解读，认为新本土意识是对旧本土意识的批判，是全球化背景下港人基于本土文化与社群对香港精神的重述。上述三种解释各有侧重，尚存进一步探讨的空间。香港本土意识是复杂的文化议题，消解极端本土意识引发的负面效果，有赖于在“一国两制”命运共同体

* 本文系2014年国家社会科学基金重大项目“香港社会思潮分析与有效引导的对策研究”（项目号：14ZDA058）；2016年广东省社科规划青年项目“香港‘本土主义’社会思潮跟踪分析和有效引导对策研究”（项目号：GD16YMK01）阶段性研究成果。

** 刘华云，深圳大学社会科学学院助理教授；耿旭，深圳大学管理学院助理教授，深圳大学社会发展与公共政策研究中心研究员。

下对本土意识的引导与国家认同的重构。

关键词： 香港本土意识 后殖民主义 自我—他者 国家认同

香港回归已有二十多年，随着“一国两制”的践行，内地与香港的合作、互融日益深入。然而，近十年来在香港公共与政治生活中却频频出现“本土”“本土主义”“本土意识”等词语，并由此衍生出“本土运动”“本土派”等。特别是新近形成的极端本土主义，将“本土意识”与“香港独立”“香港自决”“回归英国”“港中区隔”等相连，其深藏的逻辑是将本土意识与国家认同置于对立与冲突的二元思维之下。对香港本土意识的理解不仅关系着如何解读香港的系列社会运动，也关系着如何理解港人的身份认同。许多学者对此进行了分析，但对香港历史、文化与政治的认知差异，形成了有关香港本土意识的多重叙述。基于此，本文从现有文献出发，以本土意识的产生、演进和重构为主线，客观分析和评价内地与香港两地学界不同的理论观点。本文分为三部分，第一部分是对香港旧本土意识演进的多重解读，第二部分是香港新本土意识的多重话语，最后一部分在分析新、旧本土意识的基础上，面对极端本土意识的兴起，归纳学者提出的对香港本土意识的重构认同之法。

一 香港旧本土意识演进的多重解读

学者们普遍认为旧本土意识形成于 20 世纪 60 年代，兴盛于 70 年代，80 年代初步形成香港文化或者香港人的认同。土生土长的第一代（“二战”后的第一代）香港人首先产生本土意识，区别于他们的父辈，他们并无在祖国成长的经历，缺乏父辈们对香港“借来的地方、借来的时间”的时空错置感。但是，这并不意味着当时香港人拒绝国家认同，相反，其本土意识、反殖情绪与国家认同是交织在一起的。这种复杂的情感可归结为他们在文化与血缘上对中国的认同，这既来源于父辈们的家庭教育，也来自传统中国的书院教育。文化上的国家认同与国家想象，激励着青年人参与到反对殖民主义的社会运动中，如70年代的“争取中文成为法定语文运动”“保钓运动”，反映了香港人将中国文化、爱国主义和反殖意识融入了香港本土意识之中（罗永生，2015；冯庆想，2016）。然而，这种情感存在着张力，本土意识、反殖情绪、国家认同的关系易在外界环境影响下发生转换，如西方对中国内地实行的社会主义制度的敌视宣传，以及1967年后英国政府的柔性管治方式等都对其产生一定影响。随着80年代香港经济腾飞与“香港文化”的普及，香港人的本土意识或“香港人”身份开始逐渐形成。然而，历史的叙述是简单粗略的，内地与香港两地学者对历史的不同认识，导致他们对香港旧本土意识的产生原因与内涵界定有着多重解读。

（一）内地学者对旧本土意识的后殖民解读

长期以来，内地官方、民间、学界对于香港历史一直采取的是殖民—回归叙述。此种叙述中，香港人的本土意识与反殖情绪、国家认同有着逻辑的一致性，后期出现的逻辑冲突源于英国政府的文化殖民策略，该策略篡改了香港本土意识的内涵与价值。港人受到长期的殖民教育和西方舆论引导，基于社群、关怀本土的港人本土意识逐渐成为由港英政府培育出来的殖民美化产物。内地学者认为，港英政府仅从文化层面培育香港人的身份认同，回避了极为敏感的政治认同主题，为以后的港人国家认同制造了障碍（黄月细，2014）。所谓的“香港人”身份，是殖民统治者蓄意塑造的虚拟文化主体或族群。这种文化本土意识的殖民属性，以及其来源构成的混杂性（中国传统文化、西方文化、岭南文化和商业文化），使得“香港人”身份缺乏独立的自我认知，呈现出无根性与游离性。从后殖民主义叙述来看，港英政府回避政治和柔性管治培育的独立文化主体意识所蕴含的是“自我”与“他者”的对立，是将原本的香港与英国的“自我—他者”关系转化为香港与内地的“自我—他者”关系。一方面是西方生活方式、价值观念、话语体系的注入，另一方面是对中国价值观念等方面的篡改与敌视（杨晗旭，2014）。香港的“自我”成为脱离中国传统文化形成的主体身份，代表了西方价值观念中的文明，“他者”则代表了贫穷、落后、野蛮的内地。

内地学者的后殖民叙述认为港英政府是香港本土意识形成与发展的幕后推手，香港本土意识不仅转换了香港人的爱国之心与民族情结，也将香港人的反殖情绪转换为对殖民者的认同，为香港的人心回归设置了障碍。因此，理解香港本土意识的关键在于如何使香港人摆脱殖民影响，使其重建国家认同下的本土意识。但是，内地学者的后殖民主义论述存在某些不足，它将“香港人”身份与本土意识视为被动、消极的杂糅对象，而未能正视港人在本土文化与意识上的主体参与。虽然香港的文化自我与本土意识是港英政府助长的地方性文化和意识，但毕竟港人也参与到了文化主体的建构过程当中。缺乏对港人如何参与本土意识构建的研究，就不能理解20 世纪 80 年代香港民众对内地移民的歧视心理和行为，无法解释港人在 1997 年回归前的文化与身份焦虑。

（二）香港学者对旧本土意识的文化解读

面对1997年回归，香港文化学者首先开始了对本土文化或文化认同的研究（黎熙元，2005）。多数学者将香港本土意识归结为一种文化身份认同，认为香港回归后，港人不仅要面临中华人民共和国对香港主权的恢复，更要面对一种文化、身份、认同的转型。港人认为香港本土文化是一种“夹缝中的文化”，既异于英国文化，也异于内地文化。周蕾认为“香港最独特的，正是一种处于夹缝的特性，以及对不纯粹或对根源本身不纯粹性质的一种自觉”（周蕾，1995）。这种表达反映了港人在回归前的身份和文化困惑，“香港人”意味着什么？回归后香港的本土文化是否存在消失的危机？这种焦虑凸显了香港旧本土意识的相关难题：香港本土意识由谁建构？有何内容？对此，多数香港学者认为“殖民—回归”叙事过于简单，因此转而从文化政治中寻找香港本土意识。

香港学者认为香港本土意识实质上是民众与政府在当时的政治、经济、文化环境下共同建构的结果。这种文化建构并不是有意识的产物，而是香港民间、政府不自觉地构建出的一套本土文化，是由“普及文化催生的一种集体方式生活的自豪感和排斥他者的保守观点”（吕大乐，2002；马杰伟，2002）。一方面，它拒绝内地学者的看法——认为港英政府培育出反内地的香港本土意识；另一方面，它拒绝香港民众对港英政府的美好幻想——将香港人所取得的经济、文化成就归结为港英政府的作为。香港学者认为港英政府绝不是本土意识与文化的根本动力，本土意识来源于香港人对建立美好家园的共同努力，是香港民间与港英政府的社会抗争产物，不是港英政府的“恩赐”。

但是，部分学者的分析却将这种社会运动简单化，并将香港本土意识理解为一种经济上的追求，反殖运动背后的复杂诉求被简化为单一的经济动机。此种见解在刘兆佳的著作中得到彰显，即将香港精神或香港本土意识归结为一种功利家庭主义，经济成功背后的拼搏精神是香港本土意识的根本（Lau，1982）。对于香港人的理性经济动物解读，“狮子山精神”是最具代表性的叙述，它反映了香港人风雨同舟建设美好香港的故事，它也成为当前香港本土主义运动的精神号召。与此不同的是，香港学者罗永生、谷淑美等人认为从经济理性人角度理解香港精神或本土意识，是一种物化与歪曲理解，是对本土意识复杂内涵的简化解释。

（三）香港学者对旧本土意识的后殖民解读

类似于内地学者的解读视角，部分香港学者亦从后殖民主义出发看待香港本土意识。但区别于内地学者将香港本土意识的形成归结为港英政府的培育，他们接纳了文化政治的观点，认为本土意识是香港民间与政府共同建构的产物。一方面，本土意识的产生源于香港本土青年一代对建设稳定与自由本土家园的诉求；另一方面，港英政府需要利用宽松的意识形态扭转香港社会运动对政府的抗争。由此，香港本土青年与港英政府在“本土意象”上相连在一起，对于推广和深化本土意识不谋而合（叶荫聪，1997）。随着香港经济的腾飞与香港城市文化在亚洲的输出，“香港本土意识”与“香港人”获得认同与自信。香港本土意识或香港故事“一方面把香港社会的历史发展指为由渔村变成都会的简单程式，另一方面标榜今天香港的经济成就”（谷淑美，2002）。这种主流论述不仅符合香港民众对于香港经济发展的见解，也符合港英政府的管治策略，它既能够凸显港英政府有效统治的成就，也能潜移默化地转化殖民统治的权力关系。但是，这种港英政府与社会文化共生的本土意识在主体与内容结构上是残缺的，是碎片式的，存在诸多内部问题。

后殖民叙述者意识到香港本土意识的真实内涵是由港英政府培育的香港民众的虚幻共同体想象或“大香港主义”（罗永生，1997）。港英政府政策向柔性统治的转变逐渐软化了香港人的反殖情绪，特别是“非政治化”认同的建构，将香港人形塑为一种经济动物，抑制了香港人的主体建构（罗永生，2014）。虚幻的“大香港主义”一方面忽略了香港群体内部的差异，遮蔽了其受到殖民统治的事实；另一方面建构了虚幻的“香港主体”，因为它建立在香港人自我与他者的对立基础之上。通过“香港故事”，原本殖民统治下的被殖民者与殖民者的叙述通过大众文化的普及与港英政府的倡导，转变为从殖民前的农村香港到都市香港的都市化叙述（任海，1997）；原本殖民统治下的“自我—他者”，通过虚幻自我的强化，逐渐转化为内地与香港的他者与自我关系。香港作为独立的自我，标志着开放、发达、文明的都市人；内地人作为他者，意味着落后、野蛮、封闭的村民。自我与他者的简单对立，不仅无助于香港本土主体的建构，也不能解释香港人与内地人之间血浓于水的关系。孔诰烽在分析香港本土意识时，认为它虽然在文化形态上塑造了“香港人”形象，但是内在地分裂与隔离了香港人群体，“谁是香港人”是一个远未得到明确回答的问题（孔诰烽，1997）。值得注意的是，虽同是从后殖民视角解读本土意识，但是区别于内地学者的研究，香港学者更为关注自我主体的建构，无主体则无自我。缺乏主体的本土意识，仅关注地方色彩、生活方式、生活习惯等，则只能是虚幻的、排他性的自我认同。

从香港早期本土意识演进的多种阐述中，可发现香港本土意识是一种文化本土意识：它是港英政府、香港普及文化、香港经济奇迹共同催生的产物，它蕴含的是对本土文化的自豪感与认可。但是这种本土意识的建构存在主体的缺失，或是主体的破碎。因为本土意识的“自我—他者”框架，需要为香港人找到对立面，去凸显自我；它是一种自卫排他意识，它建立在对内地人与移民“他者”的恐慌基础之上，害怕后者损害了其原本的经济成就；它是一种后殖民色彩的本土认同，是对港英政府的美好想象，是依赖殖民城市与殖民价值观所建构的特殊身份；它是一种否定的文化认同，因为它的界定是建立在谁是外人、排斥谁的基础之上。1998 年金融危机的平稳过渡与内地的广阔市场，特别是香港特区政府延续的经济与政治策略，短时期内维系了经济“神话”，也遮盖了深层次的认同问题，使得 1997 年回归并未导致大规模的认同政治。但是经济环境的改变，使早期香港本土意识的诸多特征延续到回归后的新本土意识当中，如自我与他者的对立、对经济“神话”破灭的恐慌。特别是随着香港青年公民意识的觉醒，原本破碎与单一的本土身份也将被重构。他们对政治主体的忽略感到不满，希望能够通过参与社会运动改变香港的管治策略和政治思维。旧时代的香港本土意识的特征，蕴含了 21 世纪香港本土意识内部的分裂性，也预示了本土身份认同与国家认同的矛盾。

二　香港新本土意识的多重话语

香港回归后的前十年，大众社会层面并没有因本土意识而产生认同困惑，只有文化界对香港本土意识进行了反思与批判。这一方面归功于“一国两制”、“港人治港”与“高度自治”是对香港本土政治、经济、文化的制度保障和承诺；另一方面是内地与香港交流的日益频密，使港人对内地的了解逐渐加深，前期的抗拒、隔阂慢慢减退（郑宏泰、黄绍伦，2002）。相关调查显示，回归的头十年内，香港人对内地的印象逐渐好转，对“中国人”的身份认同感有所上升（王家英、尹宝珊，2007）。然而，随着2008年金融危机的爆发和内地经济的崛起，支撑香港文化本土意识的经济“神话”开始破灭，“狮子山精神”光环开始褪去，原有的文化本土意识开始受到质疑与批判，新本土意识开始形成。2006年、2007年发生的“保卫天星”与“皇后码头”运动被认为是香港新本土意识的觉醒（罗永生，2013）。2009年的“反高铁包围菜园村”运动、2012年的“反对德育及国民教育”运动、2014年的“驱蝗运动”和“占中运动”，不断将香港社会运动推向顶峰。这些社会运动看似浑然一体，共同诉诸香港人的本土意识，唤醒沉睡的香港人，然而，它们却是香港社会运动派内部的分歧和矛盾的表现，表明香港社会运动派内部有着不同甚至相冲突的诉求。如2010年后香港网络与媒体中“左胶”“本土右翼”等政治术语的广泛使用。“本土右翼”指责社运界及民主派部分中间偏左的人士为“左胶”，反对他们的平等及反歧视原则；本土右翼则被称为“右胶”，他们所倡导的本土利益被认为优先是某种种族政治（叶荫聪、易汶健，2014）。“胶”在粤语中有愚蠢、思维僵化等贬义色彩。极端右翼本土运动不仅挑起了内地与香港的紧张关系，也撕裂了香港社会内部的族群网络，催生了“港独论”与“自决派”。面对香港社会内部相冲突的本土派别，民间、政府、学界亟须对香港的“本土意识”或“本土主义”进行清楚的界定，引导香港市民在坚持本土利益与发展的情况下，共享回归后的繁荣与兴盛。

（一）新本土意识的经济成因话语

延续香港旧本土意识的经济论视角，部分学者认为经济环境变化带来了港人对内地与香港经济、文化、政治差异的恐慌，这是新本土意识兴起的根源。香港回归已有二十余年，但香港旧本土意识中的自我与他者框架仍然萦绕在港人心中，“香港人”身份建立在内地与香港的自我与他者对比之上，特殊的政治（资本主义民主与法治）、经济（资本主义市场经济）与文化（普及的娱乐文化）使港人产生了身份的优越感。但是在两地交流、接触频繁之后，香港人的经济、文化与政治优越感非但没有得到强化，反而造成了内地的逆转。郑宏泰认为两地融合之所以导致本土意识的觉醒和本土运动的广泛爆发缘于三个逆转：经济发展动力逆转、消费能力逆转、旅客往来逆转。香港经济的停滞不前与内地经济的蓬勃发展刺激了港人内心的伤痛，使港人的优越身份成为往昔；“自由行”政策让“你我有别”的身份差异消失，同时也凸显了自我与他者的分别（郑宏泰，2015）。同样，刘兆佳延续了他对香港人“家庭功利主义伦理”的解读，认为香港之所以出现新本土主义运动，一方面是由于在全球经济格局下，香港年轻人丧失了经济社会流动空间，不能延续“狮子山精神”；另一方面是政治上受到西方民主政治理论的影响，港人试图通过政治改变经济上的困境（刘兆佳，2015）。吕大乐从世代论视角将香港人划分为四代，认为第四代香港人（在 1976 ~ 1990 年出生的香港人）相较上三代人而言更有一份扎根香港的感情，他们热衷于政治，积极参与网上论政、示威游行、立法会选举，这种感情在经济结构改变的情况下易使人产生运动意识和行为，而且年轻人因为丧失了向上层流动的空间，也会转而寻求某种既有结构的改变（吕大乐，2007）。

经济论视角认为香港市民对旧本土意识的建构与接受源于它对香港的经济奇迹叙述，新本土意识的兴起和动员力量则源于人们对香港经济的不满，并试图恢复昔日香港精神。极端右翼派的兴盛，部分说明了经济论视角的解释力。香港人对未来的恐慌、对前景的缺乏信心，使得他们把回归前的香港作为参考框架（吕大乐，2011）。当内地与香港经济差距缩小，乃至内地超越香港时，香港面对的不再是当年边缘、落后的他者，香港人诉诸自我保护的本土意识便就此诞生，并借助“城市自治运动”而甚嚣尘上（周思中，2014）。但经济论解释存在不足之处，它将新本土意识兴起的原因简单化为经济压力，忽视了政治、社会与文化层面的因素，同时也认为新本土意识下的社会运动具有逻辑上的一致性。实质上，这种解读仅能够解释部分社会运动，如香港本土运动中的“土著本土派”，而不能解释香港新社会运动中的“保育运动”等。经济论视角实际上是旧本土意识解读的延续，希望通过经济发展来维系香港社会的稳定与发展，而未能预见青年香港人对本土意识与政治的新理解。

（二）新本土意识的后物质主义话语

有别于经济论视角的解读，部分学者注意到香港本土运动的新内涵，他们认识到新本土意识与社会运动的内部分裂，并努力做出区分。如陈允中将本土主义运动派别分为开放本土派与土著本土派，前者强调文化保育，后者强调土生土长的港人利益优先（陈允中，2014）。萧裕均将运动派别区分为保守本土力量与进步本土力量，前者以排外姿态设定议题，后者则通过提倡在地文化和集体经验来建构本土身份（萧裕均，2013）。内地学者郑湘萍同样将香港的本土运动派划分为三个类型，分别是区隔派、切割派、独立派，或划分为本土左翼和极端右翼。左翼鼓励包容与开放，右翼诉诸族群政治，具有明显分离倾向（郑湘萍，2016）。这里对香港社会运动派的区分描述，实际上是否认了刘兆佳、郑宏泰等人对香港新本土意识的经济论解释。经济论视角的解读可适用于解释保守、右翼的本土运动派，但是对于开放和保育运动则不适用。香港新本土意识不仅继承了旧本土意识的“自我—他者”的对立和“大香港主义”，也蕴含了新的内容，即一种后物质主义价值观，对纯粹经济的香港精神的否定。后物质主义是建立在发达的经济和物质基础之上，它追求的是一种优越的生活质量，主张一种有差异的政治理念，强调言论自由、公民参与、环境保护（罗纳德·英格尔哈特，2013）。对于以后物质主义解读香港新本土意识的学者而言，文化保育等社会运动是一种政治文化的发展与进步，是基于政治社群的公民抗争与公民精神（夏瑛，2012）。

对于物化的旧本土意识的反思与批判首先表现在保育界。在此之前，香港的经济发展模式表现为政府主导或鼓励资本主义房地产发展，忽视对本土文化、建筑的保护。但是，随着后物质主义意识的产生，越来越多的文化保育人士认识到旧发展模式实质上是一种经济发展论，是本土历史与文化的消失。因此，当代表历史遗迹与作为公共场所的码头被拆卸时，当象征现代经济高速发展的高铁取代本土的社群、乡村时，部分香港人意识到本土意识之根的消失。倘若本土意识失去构建的空间、建筑、社群网络基础，“香港人”就成为无根之苗。在特区政府主导的拆卸天星、皇后码头行动中，港人意识到必须重建本土意识，摆脱过往经济发展所主导的旧本土意识，并成立了“本土行动”的组织，将“本土文化”或“本土意识”提上社会运动议程。对于内地学者与香港特区政府而言，天星、皇后码头等建筑是殖民统治历史的象征，拆除它们意味着去殖民化；但是对于香港人而言，天星、皇后码头承载着香港的记忆与历史，记录了香港青年对港英政府的反抗，同时也是维系社群与香港人联系的公共空间（马国民，2008）。

以后物质主义为核心价值的新本土意识，实质是基于香港本土特色、社区经济与社区网络提出另一个版本的香港故事。它不再建基于虚幻的文化主体或族群身份，而是建立在具体的土地空间、属地人的集体回忆与共同想象基础之上。它是对长期支配香港治理的发展主义的否定，是对政府的文化政策、城市规划、政策咨询架构、地产资本支配、发展主义及行政权力的质疑，这触动了本土价值、本土身份等核心概念，是捍卫本土文化及社区的城市运动（叶荫聪，2011）。因此，新的本土意识及其运动，一方面是对香港乡土情怀的回归，另一方面是在全球化背景下尝试开拓构建香港身份的另类空间（周峻任，2012；谷淑美，2011）。这种新本土意识没有延续旧本土意识中的物化理解与“自我—他者”对立框架，但是当“本土”旗帜树立起来并诉诸民众的集体记忆时，它的发展却易被民粹宣传的敌我情绪和话语骑劫而不可控制。

（三）极端本土意识

2011 年的反“双非”、2013 年的反新移民运动，使对“旧本土意识”的反思和批判走向了另一个极端。新本土意识从原有的土地正义上升为内地与香港之间的矛盾，“香港人”与“本土”的内涵发生了置换，“香港人”从多元的香港市民（土生土长、移民等）转变为仅指称土生土长的、本质化的香港人，“本土”由原本的社群、文化网络转为区隔于中国内地的具体城市空间。新本土意识内部的分裂，特别是立足于“本土利益优先”的土著或保守本土意识，经极端主义者与港独主义者的演化，迅速动员了大量的香港青年。右翼本土主义的标语、口号延续了香港旧本土意识当中的负面内涵，如“自我—他者”框架的延续。但此时的“自我与他者”已然不是彼时繁荣的香港和落后的内地的对立，而是日趋强大的内地与故步自封的香港的对立。在极端或右翼本土意识中，它继承了香港旧本土意识的自大、虚伪与自卫成分。随着冲突的渲染，新本土意识中的文化政治转化为政治文化议题，抗争也由保卫本土文化、经济转向诉诸政治民主与普选权，最终以“占中运动”的激烈形式表现出来。无论是后物质主义，还是极端的本土运动，它们都是新本土意识的组成部分。但是在内地与香港的紧张关系下，极端本土主义者利用煽动性语言激发港人的恐慌意识，反复地强调和确认内地人的“他者性”与“低等性”，夸大内地人对香港人经济利益、社会福利带来的负面影响，从而实现本土优先的倡导，骑劫了新本土意识。

由于极端本土意识产生的重大政治影响，内地学者往往将新本土意识与极端本土意识等同。内地学者认为极端本土意识是殖民统治时代的产物，它阻碍了部分港人对中国人的身份认同和国家认同，加大了港人对内地的疏离感（黄月细、徐海波，2015）。无论是旧本土意识当中的落后他者，还是新本土意识当中对强大他者的恐慌，内地都被描绘为“极端的他者——他者即恶”。虚幻主体的错置，导致恋殖意识的增强、社会运动的非理性化和暴力化，以及香港社群的逐步自我分裂（杨晗旭、徐海波，2016；祝捷、章小杉，2016；祝捷、章小杉，2017）。香港新本土运动是殖民统治时代下旧本土意识的延续与发展，是后殖民的体现，他者与文化疏离是导致政治认同困境的根本原因，进而导致政治分离主义。但是，将极端右翼本土意识视为新本土意识的全部，又是否能够解释新本土意识当中的后物质主义运动呢？从香港与内地学者对新本土意识的理解来看，旧本土意识与新本土意识有着千丝万缕的关联。一方面，是香港民众对长期占据主导地位的旧文化本土意识的反思与批判，是摆脱殖民经济时代香港经济发展的历史叙事；另一方面，在香港经济发展缓慢，与内地社会、经济全面发展的对比下，香港新本土意识重新拾起了旧本土意识中的虚幻与自傲，延续了敌对的“自我—他者”框架。新本土意识的复杂内涵不仅阻碍了对旧本土意识的批判，也撕裂了香港内部的族群，原本的“我们和他们不同”的话语转变为“我们比他们好”的族群政治（张健，2015）。面对新本土意识的崛起，与其内部存在的分裂，引导和处理的关键在于如何看待“本土意识”或“本土”的真实内容。对“本土”的不同解读，自然会随之产生不同的应对与引导之法。

三　香港本土意识的多元引导：重构认同

极端本土意识给香港带来的是社会的分裂、政治的民粹化、文化的混乱，以及日益严峻的身份认同危机，如“港独主义”“自治主义”“恋殖主义”。因此，学者们虽然对香港本土意识的解释角度各有不同，但都认为极端本土意识不可取。因此，认同的重塑，成为内地学者与香港学者共同的任务。为化解香港本土意识带来的政治、社会、文化困境，我们需要在意识形态和理论上引导香港民众，使其认识到本土意识与国家认同、民族认同并不存在着必然的冲突（阎小骏，2016）。

（一）发展经济以重构身份认同

如前文所述，刘兆佳、郑宏泰等主张经济发展论的学者认为香港本土意识与本土运动的兴起源于经济环境的变化。内地商人、新移民、游客大量涌入香港，对于香港房价抬升、物价提高、就业机会和市民的生活有着不同程度的影响，导致香港人心理上出现焦虑，将矛盾指向更为强大的内地。经济发展的失衡与经济利益关系的失衡，造成香港人的相对剥夺感，由此衍生出身份认同危机（强世功，2014）。因此，主张经济发展论的学者认为引导香港本土意识的做法是鼓励更加开放的区域经济一体化合作，将香港经济整合到国家经济发展的大格局中，2017年提上议程的粤港澳大湾区建设是此种做法的政策体现。利益的共享、边界的放开、两地市民的交流，被认为是引导香港民众身份认同的便捷路径。

但是，经济发展带来的利益共享能否解决港人的认同问题呢？正如部分学者所言，“狮子山精神”所描绘的本土意识建立在经济发展“神话”之上，它带来的身份认知不仅建立在与内地民众对立的基础上，也抹杀了香港人内部的经济差异。经济发展并不能保障港人从经济发展中得益，也未能根本解决港人的身份认同问题，因为它未能从本土意识上重构港人对于内地的认知，也未能从香港自身去引导本土意识和重构认同。对于部分本土主义人士而言，保障香港经济的发展与利益或许能够满足他们的诉求。但是对于持后物质主义价值观的青年人来说，经济发展并不是解决身份认同问题的根本途径，因为正义与平等才是他们诉求的目标。因此，纯粹强调经济的发展和利益的共享，并不能引导香港人的本土意识，也不能与新本土意识的内容和价值相契合。相较下，后殖民视角下的认同转化成为更多学者选择的途径，它包括重建自我与确定他者两部分。

（二）本土意识与国家认同

港英政府培育的“自我—他者”框架，不仅重置了港人的国家认同，也转化了香港内部的民众与政府的权力关系。通过极端的他者形象，殖民统治者从港人的历史文化认知、自我身份认知和对未来的期望三个维度，为港人的国家认同制造障碍。1997年香港回归后，港人身份认同的障碍源于去殖民化的不成功，主要表现为两个方面：一是将港英政府时期的香港作为回归后社会与经济发展的参照物，一旦感受到今不如昔，便出现“恋殖情结”；二是港英政府时期的文化与价值灌输仍存在于后殖民的城市空间当中，英国的价值理念被作为后殖民时代民众的核心价值观，国家认同被排斥，从而引发身份认同危机（强世功，2010；梁燕城，2014）。这两个方面在香港的新本土政治运动当中得到了具体的展现，如港英政府时期“龙狮旗”的再现、对西式“普选”的强烈诉求。浅层的政治运动层面背后蕴藏的是深层的文化和意识形态层面的本土意识，延续的“自我—他者”对立逻辑是港人身份认同困扰产生的根源。因而学者认为对香港本土意识的引导必须包含去殖民工作，通过“他者”与“自我”的理性确认来重构身份认同。

合理认知“他者”，警惕极端的“他者”逻辑，是对香港极端本土意识（港独、城邦、自治论）和身份认同话语的回应。如何矫正以往错误的“他者”设定，涉及香港民众对国家命运与香港殖民统治历史的认知。内地与香港两地学者在“他者”的确认上没有多大争议，认为将内地作为香港的他者是不合理的，是后殖民价值的延续。与此同时，单方面从“他者”理解与论述本土意识，只能被动地回应港独论者的观点，并受到本土意识，或香港人与国族的身份之争的束缚。简单纠正后殖民主义当中的“他者”远不能完成香港主体的重建工作，必须重新唤醒和引导港人思考本土意识的新内容和新主体，即重建自我，才能算完成后殖民时代的工作。

重建自我身份与重构国家认同，是两地学者共同关注的焦点。但是，在如何重建自我的问题上，内地学者与香港学者存在着较大差异：前者强调通过认知中国历史，以国家认同去确定港人身份；后者强调通过历史挖掘主体以重建自我身份，从而重构认同。在去殖民化不彻底的情况下，如果港人视中国为极端的他者将引发严重的认同矛盾，将国家认同从香港自我的主体建构中排除，并通过他者之恶的极端逻辑强化本土意识。因此，将原本为他者的中国转化为港人身份中的自我，需要从公民教育入手，强化港人与内地市民的理性协商、沟通。因此，国民教育、政治教育以及公共舆论等意识形态领域的话语权成为香港本土主义者与中央政府、内地学者争论的焦点（吴鹏，2017）。

香港旧本土意识与新本土意识当中的右翼之所以遭到批评，是因为它建立在虚假的主体基础之上，是一种“伪主体”或“虚拟自由主义的共同体想象”（杨晗旭、徐海波，2015）。无论是港英政府时期的香港管治“神话”，还是回归后的香港治理思维，延续的都仍然是香港旧经济发展模式，通过经济上的成就建立香港人的身份优越感，维持一种城市共同体想象。当经济衰退或面临经济上的困境时，这种自我想象的共同体就会以极端方式呈现出来。因此，香港新本土意识应该是在全球化时代的民族国家中完成对港人主体的重建。香港本土意识，“不仅指我是香港人，而且还要包括香港未来应该怎么样，香港与周边地区的关系应该怎样，然后有一种讲得通的、完整的、对香港的理解”（吕大乐，2015）。香港学者有关本土意识与国家认同的重构工作着重于对自我主体的认知，将主体放置于本土、国家、全球的三重视野之下。它包括两个方面：一方面是自我的发现，即在对旧本土意识的批判中形成健全的主体人格，可从历史经验中寻找，也可建立在香港文化传统、民族归属与国家认同之上（罗永生，2013）。另一方面，从本土、国家、全球三个维度均衡地考量、确立自我，即“本土自我、国家自我、全球自我”（马伟杰、冯应谦，2011；张炳良，2011）。然而时至今日，无论左派还是右翼，对香港的未来都仍无明确的期待，而只能使用口号式的“香港人”，以无内容的情绪动员香港民众。

四　结语

香港本土意识本身是一个文化议题，由于香港的特殊历史与社会运动才演化为政治议题，因此本文认为，理解香港本土意识还需回到文化领域。本文对于香港新、旧本土意识演进与重构的叙述多集中于文化政治层面，而未从政治制度层面探讨内地学者与香港学者对本土意识的见解。进而一方面，内地学者囿于后殖民视角，忽略了香港人对本土意识话语的参与；另一方面，香港学者虽然意识到主体的重构，但是对于“一国两制”的差异性解读，使其往往难以与极端本土意识划清界限，进而使得新本土意识遭到极端右翼的骑劫。本文认为，对香港本土意识的引导与国家认同的重构，需要在香港与内地间构造命运共同体联系与想象：一方面，香港本土意识是维系香港这座城市的基石，它的形成、发展及对它的引导受到对香港过去、现在与未来叙述的影响；另一方面，需在国家视角下去解读，本土意识与国家认同不存在根本性的冲突（陈韬文、李立峰，2007）。

首先，香港人必须认识到：香港与内地都隶属于“中华人民共和国”这一政治、文化共同体，只有置于这一共同体之内，与内地之间搭建更加紧密的经济合作关系，才能保证香港长期的发展和稳定。其次，香港人必须认识到：内地的发展并非以牺牲香港经济为前提。香港作为一个富裕、繁荣、先进的国际大都市的地位是“一国两制”和《中华人民共和国香港特别行政区基本法》所规定与保障的（陈方正，2015）。内地与香港的合作、互融是整个世界发展的大趋势。再次，内地与香港现有的紧张关系，大部分源于双方对“一国两制”具体内容存在的诸多不同理解，以及港人对香港未来预期的不确定。现有的极端本土意识，是在旧本土意识的负面价值延续基础上，由一连串社会矛盾引发的结果。极端本土派是在未能理解中国崛起和香港回归这个事实前提下，自我主张代表港人的利益和诉求，抵御香港与内地的互融与合作（郑戈，2017）。因此，实现港人的人心回归，不仅需要有效率和能力的特区政府去引导香港市民，更需要通过正常的制度参与、沟通协商实现疏导与整合，寻求共识社会与政治。它需要在“一国”之下使香港共享国家之发展与稳定，也需要在情感、文化、政治上缩小“两制”差异。

作为拥有长期受英国殖民统治历史的国际大都市，作为中国的特别行政区，香港有着独特而复杂的政治、经济与文化现实。这种特殊性使得香港人能够以一种开放、多元的观念理解本土、民族与国家，并尝试用特殊的历史经验和价值与体制去继续发挥自身的特色。因此，无论是内地还是香港，都需要正视香港本土意识的复杂内涵，客观深入地理解当下香港的政治、文化与社会，而不是单纯地予以反对和否定。否则，本质化的本土意识不仅违背了香港这座城市的独特性，也抹杀了香港城市内部的多元特质。更高版本的本土意识，应该引入全球的、民族国家的、历史的、未来的多重视野，重新审视并厘定自我，正确识别他者，去除极端化、本质化、单一化倾向，致力于构建一个既认同“一国”也尊重“两制”的港人身份。

参考文献

[1] 罗永生：《冷战中的解殖：香港“争取中文成为法定语文运动”评析》，《香港：思想香港》2015 年第 6 期。

[2] 冯庆想：《香港本土主义的内在逻辑与历史演变》，《天府新论》2016 年第 5 期。

[3] 黄月细：《“香港意识”的形成、流变与展望》，《深圳大学学报》（人文社会科学版）2014 年第 4 期。

[4] 杨晗旭．《香港本土意识中的后殖民主义》，《港澳研究》2014 年第 3 期。

[5] 黎熙元：《全球性、民族性与本土性——香港学术界的后殖民批评与香港人文化认同的再建构》，《社会学研究》2005 年第 4 期。

[6] 周蕾：《写在家国以外》，香港牛津大学出版社，1995。

[7] 吕大乐：《自成一体的香港社会》，载吴俊雄、张志伟编《阅读香港普及文化：1970～2000》，香港牛津大学出版社，2002。

[8] 马杰伟：《电视文化的历史分析》，载吴俊雄、张志伟编《阅读香港普及文化：1970～2000》，香港牛津大学出版社，2002。

[9] Lau, Siu-kai, *Society and Politics in Hong Kong*, Hong Kong: The Chinese University Press, 1982.

[10] 叶荫聪：《“本地人”从哪里来？——从〈中国学生周报〉看六十年代的香港想象》，载罗永生编《谁的城市？》，香港牛津大学出版社，1997。

[11] 谷淑美：《文化、身份与政治》，载谢均才编《我们的地方，我们的时间》，香港牛津大学出版社，2002。

［12］罗永生：《以管理主义转化殖民主义》，载罗永生编《谁的城市?》，香港牛津大学出版社，1997。
［13］罗永生：《迈向本土性的主体性》，载罗永生著《殖民家国外》，香港牛津大学出版社，2014。
［14］任海：《看的辩证：展览橱中的香港》，《香港：二十一世纪》1997 年第 41 期。
［15］孔诰烽：《论说六七：恐左意识底下的香港本土主义、中国民族主义与左翼思潮》，载罗永生编《谁的城市?》，香港牛津大学出版社，1997。
［16］郑宏泰、黄绍伦：《香港华人的身份认同：九七前后的转变》，《香港：二十一世纪》2002 年第 7 期。
［17］王家英、尹宝珊：《香港市民身份认同的研究》，《香港：二十一世纪》2007 年第 101 期。
［18］罗永生：《香港本土运动的兴起与转折》，《台湾文学研究》2013 年第 4 期。
［19］叶荫聪、易汶健：《本土右翼与经济右翼：由一种网络争议说起》，载思想编委会编《香港：本土与左右》，台北联经出版社，2014。
［20］郑宏泰：《流动本土意识：身份认同的政治与历史视角》，《当代港澳研究》2015 年第 1 辑。
［21］刘兆佳：《香港"占中"行动的深层剖析》，《港澳研究》2015 年第 1 期。
［22］吕大乐：《四代"香港人"》，香港进一步多媒体有限公司，2007。
［23］吕大乐：《终于需要面对未来，香港回归及其设计上的错误》，《思想》2011 年第 19 期。
［24］周思中：《本土的矩阵——后殖民时期香港的躁动与寂静》，《香港：思想香港》2014 年第 3 期。
［25］陈允中：《香港的土地正义运动：保卫家园与保卫国族上不相容的》，《香港：文化研究》2014 年第 18 期。
［26］萧裕均：《本土与左翼——运动连结与民间社会契约》，《香港：思想香港》2013 年第 2 期。
［27］郑湘萍：《香港"80 后"社会运动与后物质主义价值观》，《新视野》2016 年第 1 期。
［28］罗纳德·英格尔哈特：《发达工业社会的文化转型》，张秀琴译，社会科学文献出版社，2013。
［29］夏瑛：《实践中的公民身份——关于香港"80 后"青年行动者的个案研究》，《公共行政评论》2012 年第 2 期。
［30］马国民：《不是经济奇迹的香港故事：保卫天星、皇后码头的历史意义》，《香港：文化研究》2008 年第 9 期。
［31］叶荫聪：《香港新本土论述的自我批判意识》，载思想编委会编《解殖与回归》，台北联经出版社，2011。
［32］周峻任：《都市建设、本土身份与社会运动》，《香港：文化研究》2012 年第

29 期。

[33] 谷淑美：《香港城市保育运动的文化政治：历史、空间、及集体回忆》，载吕大乐、吴俊雄、马杰伟编《香港·生活·文化》，香港牛津大学出版社，2011。

[34] 黄月细、徐海波：《香港“殖民地情结”的成因分析》，《特区实践与理论》2015 年第 2 期。

[35] 杨晗旭、徐海波：《“他者即恶”——香港青年社会运动与国家认同的流变》，《中国青年研究》2016 年第 2 期。

[36] 祝捷、章小杉：《“香港本土意识”的历史性梳理与还原——兼论“港独”思潮的形成与演化》，《港澳研究》2016 年第 1 期。

[37] 祝捷、章小杉：《香港激进本土主义之社会心理透视》，《港澳研究》2017 年第 1 期。

[38] 张健：《香港社会政治觉醒的动因：阶级关系、参政需求、族群认同》，《香港：二十一世纪》2015 年第 147 期。

[39] 阎小骏：《徘徊与摇摆：香港人国家认同的集体困境》，《文化纵横》2016 年第 4 期。

[40] 强世功：《认真对待香港本土意识　探索强化国家认同之道》，《中国党政干部论坛》2014 年第 5 期。

[41] 强世功：《国家认同与文化政治——香港人的身份变迁与价值认同变迁》，《文化纵横》2010 年第 6 期。

[42] 梁燕城：《后殖民地批判与香港政治文化——关于“占中”来龙去脉的文化分析》，《文化中国》2014 年第 4 期。

[43] 吴鹏：《香港推行国民教育的路径分析》，《国家行政学院学报》2017 年第 4 期。

[44] 杨晗旭、徐海波：《试析香港国家认同的困境——从被言说的“他者”到“伪主体”》，《深圳大学学报》（人文社会科学版）2015 年第 6 期。

[45] 吕大乐：《香港社会特征、本土认同、本土意识》，《当代港澳研究》2015 年第 1 辑。

[46] 罗永生：《公民社会与虚拟自由主义的解体：兼论公民共和的后殖主体性》，《思想香港》2013 年第 1 期。

[47] 马伟杰、冯应谦：《后京港澳身份认同》，载吕大乐、吴俊雄、马杰伟编《香港·生活·文化》，香港牛津大学出版社，2011。

[48] 张炳良：《香港身份：本土性、国族性与全球性的交织》，载吕大乐、吴俊雄、马杰伟编《香港·生活·文化》，香港牛津大学出版社，2011。

[49] 陈韬文、李立峰：《再国族化、国际化与本土化的角力：香港的传媒和政治》，《香港：二十一世纪》2007 年第 101 期。

[50] 陈方正：《香港往何处走？一个香港中国人看“占中”》，《香港：二十一世纪》2015 年第 147 期。

[51] 郑戈：《“一国两制”与国家整合》，《香港：二十一世纪》2017 年第 161 期。

Multiple Interpretation of the Evolution and Reconstruction of Hong Kong's Local Consciousness: A Literature Review

Liu Huayun, Geng Xu

Abstract: Local consciousness is the key word to understand the current social movements and status identity in Hong Kong. Local consciousness can be classified into new, old and extreme local consciousness in time and content. The scholars from mainland and Hong Kong have multiple interpretations on local consciousness of Hong Kong, due to their historical and cultural differences. Based on the "Return" narration, most mainland scholars regarded the local consciousness as the product of colonial government cultivation and emphasized on decolonization. Some scholars from Hong Kong took the economic rise and fall as the root cause of local consciousness based on the economic discourse. Another part of the Hong Kong scholars understood it from the post-material and post-colonial perspective, and thought the new local consciousness is the criticism of the old local consciousness and the restatement of Hong Kong's spirit based on the local culture and community under the background of globalization . Each of the three explanations has a focus and there is space for further exploration. Hong Kong's local consciousness is a complex cultural issue. Facing the negative effects caused by extreme local consciousness, it needs to re-construct local consciousness and national identity under the community of common destiny, based on "One country, two system" principle.

Key words: Local Consciousness of Hong Kong; Post-colonialism; Self-Other; National Identity

征稿启事

《当代港澳研究》是中山大学港澳珠江三角洲研究中心、中山大学粤港澳发展研究院共同主办的学术集刊，是内地第一本公开出版的港澳研究领域专业学术刊物，有重要的学术影响力。本刊旨在推动有关港澳政治、经济、法律和社会发展问题的学术研究，增进海内外学术同行的交流，为国内外港澳研究领域的专家学者提供一个发表学术创见、展开学术对话的重要平台。本刊于 2017 年进入 CSSCI 收录集刊目录。

本刊为综合类刊物，常设“港澳政治与法律”、“港澳经济”、“港澳社会文化”、“放眼世界”、“新书述评”和“优秀研究生论文”等栏目。用稿通过匿名评审制度选择，欢迎各方作者投稿（长期征稿）。

1. 征稿对象

经济学、社会学、管理学、政治学、法学、史学等各个领域研究当代港澳问题的海内外学者。

2. 征稿要求

（1）文稿思想健康，主题明确，层次清楚，数据准确、语言简练流畅；文稿应保证版权的独立性，无抄袭，重复率应控制在标准的范围内，署名排序无争议、文责自负。

（2）以研究型论文为主，字数在 8000 ~ 15000 字为宜。

（3）稿件内容包括：中文标题、摘要（300 字左右）、关键词（3~5 个）；英文标题、摘要、关键词；稿件如获基金项目资助，则须注明（包括项目编号）；作者有关信息，包括姓名、所在单位、职称、学历、主要研究方向、联系方式等，为匿名审稿的需要，请将个人信息全部放在与正文内容相独立的首页，并在正文中隐去所有与作者相关的信息。

（4）本刊对稿件有删改权。

3. 投稿方式

来稿电子版请注明“专投《当代港澳研究》”字样，并在文稿内注明投稿栏目、投稿主题。请以 Word 文档形式发至本刊编辑部指定电子邮箱 jshkmac@mail.sysu.edu.cn 。联系电话：020-84113236。

图书在版编目（CIP）数据

当代港澳研究．2019 年．第 1 辑 / 陈广汉，黎熙元主编．-- 北京：社会科学文献出版社，2020．5
ISBN 978 - 7 - 5201 - 6454 - 2

Ⅰ．①当… Ⅱ．①陈… ②黎… Ⅲ．①香港 - 研究②澳门 - 研究 Ⅳ．①D676．58②D676．59

中国版本图书馆 CIP 数据核字（2020）第 050311 号

当代港澳研究（2019 年第 1 辑）

主　　编 / 陈广汉　黎熙元

出 版 人 / 谢寿光
组稿编辑 / 任文武
责任编辑 / 张丽丽
文稿编辑 / 邵建双

出　　版 / 社会科学文献出版社 · 城市和绿色发展分社（010）59367143
地址：北京市北三环中路甲 29 号院华龙大厦　邮编：100029
网址：www.ssap.com.cn
发　　行 / 市场营销中心（010）59367081　59367083
印　　装 / 三河市东方印刷有限公司

规　　格 / 开 本：787mm × 1092mm　1/16
印 张：9.75　字 数：111 千字
版　　次 / 2020 年 5 月第 1 版　2020 年 5 月第 1 次印刷
书　　号 / ISBN 978 - 7 - 5201 - 6454 - 2
定　　价 / 88.00 元